관계의 승리자들

나와 주변을 더 긍정적이고 빛나게 만드는

관계의
승리자들

강은미 지음

가까이 있을수록 더 상처 주는
'고슴도치의 딜레마'에 빠진 것은 아닌가?

아폴론북스

우리의 삶에서 '관계'란 무엇일까?

인간은 홀로 살아갈 수 없기에 늘 타인과 '관계'를 맺게 됩니다. 그래서 타인의 행복과 불행이 나에게 영향을 미치고, 나의 행복과 불행도 타인에게 영향을 미치게 됩니다. 이는 우리 삶의 질이 얼마나 '관계'에 많이 의지하고 있는지를 잘 보여주고 있습니다.

하버드대 연구팀이 268명의 우수한 하버드대 학생들을 선발해 그들의 인생을 무려 72년간이나 추적 조사한 적이 있습니다. 그중 누가 봐도 성공한 삶을 살았던 사람도 있었지만, 이혼과 알코올 중독으로 60대 초반에 세상을 떠난 사람도 있었습니다. 72년간의 방대한 조사가 끝난 뒤, 이 연구를 주도한 하버드 의대 정신과 조지 베일런트(George Vaillant) 교수는 이렇게 결론 내렸습니다.

"삶에서 가장 중요한 것은 인간관계이며, 행복은 결국 사랑이다."

이는 우리의 삶을 관통하는 진리이며, 영원히 변치 않는 세상의 법칙이기도 할 것입니다. 우리는 일상생활을 하면서도 인간관계가 얼마나 중요한지를 직관적으로 알고 있습니다. 내 배우자와의 관계가 불행하다면? 내 자녀와 끊임없이 갈등이 발생한다면? 내 주변 사람들과 계속해서 마찰이 생기고 멀어진다면? 아마도 대부분의 사람이 행복감을 느끼지 못할 것입니다.

　우리는 학교에서 '좋은 인간관계 맺는 법'을 배우기보다 일상의 경험을 통해 스스로 체득합니다. 그러다 보니 올바른 인간관계에서 벗어나 스스로 고통을 겪는 경우도 적지 않습니다. 거기다가 관계란 늘 '감정'이 개입되는 문제입니다. 비난하고 비난받으면서 상처를 입고, '늘 나만 손해 본다'라는 느낌에 기분이 상하기도 합니다. 개인이 가지고 있는 우월감과 열등감 때문에 관계에 문제가 생기기도 하고, 가까운 사이에 거절하지 못해 늘 고민인 사람도 있습니다. 인간관계는 소중한 행복의 원동력이지만, 많은 문제로 인해 올바른 방향으로 가지 못하는 경우가 숱하게 많습니다.

문제는 애매해도, 해결법은 확실

인간관계에서는 참 '애매한' 일도 많습니다. 상대방의 의도를 100% 정확하게 알기 힘들기 때문에 '도대체 저 말의 의미는 뭐지?', 혹은 '저 사람은 왜 나에게 저런 행동을 하는 거야?'와 같은 의문이 생깁니다. 인간관계는 수학이나 과학과 같이 수치나 도표로 산출할 수 없습니다. 그래서 더 복잡하고 더 어렵게 생각될 수도 있습니다. 하지만 관계에 비록 애매한 부분이 있다고 하더라도, 그것을 해결할 방법까지 애매한 것은 아닙니다.

관계는 결국 '내 마음을 어떻게 쓸 것인가?'와 '상대의 마음을 어떻게 받아들일 것인가?'의 문제로 귀결되기 때문입니다. 물론 여러 가지 말하기의 기법, 상대방을 대하는 요령들도 무척 중요하지만, 그에 앞서 마음의 태도와 자세를 어떻게 갖느냐가 나머지의 많은 요인을 좌우하게 됩니다. 따라서 이 두 가지 부분에 집중한다면 아마도 자신의 관계에 대한 문제가 상당수 풀릴 수 있을 것이며, 이 책은 바로 이런 두 가지에 대한 전반적인 설명이라고 할 수 있습니다. 부디 많은 분의 인간관계에 실질적인 도움이 되기를 간절히 기대합니다.

—흐르는 강물처럼, 강은미

PART 1

관계와 자아,
건강하게 서로 마주 보기 위해

모든 인간관계의 출발점은 바로 자기 자신이다. 스스로 건강한 자아를 갖추지 않고, 타인과 건강한 관계를 맺는 일은 어렵다. 설사 관계는 맺어진다 하더라도 자꾸 삐걱거리거나 문제가 생겨 멀어지게 마련이다. 내 속의 열등감, 우울감, 좌절감이 존재하는 상태에서 그 부정적인 습관은 상대에 대한 오해, 왜곡으로 이어지고 상대방은 이를 견디기 힘들어진다. 관계에 대한 또 하나의 오해는 '가까우면 좋은 사이다'라는 점이다. 하지만 서로 적당한 거리가 있는 관계야말로, 자유로우면서도 독립적인 관계라고 할 수 있다. 서로 건강하게 마주 보기 위한 첫걸음, 건강한 자아에 관해서부터 살펴보자.

건강한 자존감이
모든 것의 출발이다

우리는 태어나면서부터 죽을 때까지 오로지 '관계' 속에서 존재한다. 어려서부터 부모와의 관계, 학창시절에는 친구와의 관계, 그리고 사회생활을 할 때는 동료, 선후배와의 관계를 맺어야만 한다. 흔히 인간관계의 문제는 '내가 타인과 어떤 방식으로 관계를 맺을 것인가?'라고 여겨지지만, 사실 그 전에 '내가 나와 어떻게 관계 맺을 것인가?'라는 부분이 출발점이 될 수밖에 없다. 그래서 우리는 인간관계를 논하기 전에 내가 나와 맺는 관계를 우선 알고, 이를 올바로 정립해야만 한다.

내가 나를 보듯이, 타인을 바라본다

독일의 대문호 괴테(Goethe)는 이런 말을 했다.

"사람에게 일어날 수 있는 가장 끔찍한 일은 자신을 나쁘게 생각하는 일이다."

그가 지적하려고 했던 것은 바로 '자존감'이다. 자신을 가치 있고 능력 있는 사람으로 믿는 것, 사랑받을 만한 충분한 자격을 갖추고 있으며, 홀로 있어도 풍족한 감정을 느끼는 사람이 바로 자존감이 높은 사람이다. 아주 어렸을 때부터 서서히 형성되는 이 자존감은 성인이 되어 완전히 굳어지게 되고 그때부터 평생의 삶에서 매우 중요한 역할을 한다.

자존감이 관계에서 매우 중요한 역할을 하는 이유는, 자신에 관한 생각이 타인에 관한 생각으로 투영되기 때문이다. 예를 들어 자신의 능력을 의심하고, 자신을 믿지 못하는 사람이 있다고 해보자. 그는 늘 그런 생각에 익숙해져 왔고, 또 현실에서 확인까지 해왔다. 이런 사람이 타인을 볼 때는 어떨까? 동일한 생각의 패턴이 작동된다. 누군가가 "나는 할 수 있어"라고 말한다면, 그는 속으로 '그럴 리가 없어'라고 말하고, 누군가가 자신을 믿어달라고 말할 때 '내가 너를 어떻게 믿어?'라고 생각한다. 자신을 대하는 것과 똑같이 타인을 대하게 된다는 이야기다.

만약 자신의 성격에 관해 늘 불만족스럽고, 개인적인 능력에 대해 불평을 하는 자존감 낮은 사람이 있다고 해보자. 만약 누군가가 매우 만족스러운 표정을 짓거나 그와 관련된 말을 한다면 '말도 안돼, 그럴 리가 없어'라고 생각하고, 만약 객관적으로 상대가 만족스러운 상태라는 것이 확인되면 그때부터는 열등감을 느끼게 된다. 나는 못 했던 것을 타인이 했다는 점에서 자신의 능력을 탓하게 되고, 그것이 발전해 타인이 잘못되기를 바라는 질투심을 느끼게 된다. 이런 사람이 올바른 관계를 맺기는 결코 쉽지 않은 일이다.

내가 나를 어떻게 생각하는가, 즉 자존감이 높고 낮은가는 타인에 관한 생각으로 고스란히 전이된다고 할 수 있다. 그렇다면 이제 정반대의 입장에서 한번 바라보자. 누군가가 당신에게 "너는 해봤자 안돼", "너는 믿을 수 없는 인간이야"라고 말한다고 해보자. 또 내가 잘한 부분에 대해서 열등감과 질투심을 가지고 당신에게 계속해서 잘못되기를 속으로 바라고 있다고 해보자. 그렇다면 과연 당신은 그 사람과 관계를 맺고 싶을까? 아마도 맺었던 인간관계도 끊고 싶은 마음이 들 것이다.

또 자존감이 낮은 사람은 오해를 자주 하고 타인에게 지나치게 예민하게 반응하기도 한다. 자기 스스로 만족스럽고 여유 있는 상태가 아니다 보니, 사소한 말에도 짜증이 생길 수가 있고, 원래의 의도와는 전혀 다르게 해석하기도 한다. 마찬가지로 이런 상태라

관계의 승리자들

면 타인과의 관계에서 문제가 생길 수밖에 없다. 만약 당신의 주변에 있는 누군가가 당신에 대해 사소한 오해를 하고 짜증을 자주 낸다면 어떨까? 당연히 그 사람과 함께 있는 시간이 괴로울 수밖에 없다. 그러니 돈독한 인간관계가 성립되는 일은 매우 힘든 일이다.

또 자존감이 낮은 사람은 거절에 대한 두려움도 많다. 자신에 대한 믿음이 강한 사람이라면 누군가에게 거절당해도 그 좌절의 깊이가 심각하지 않다. '뭔가 사정이 있겠지.'라며 가볍게 넘기고, 다시 자신이 가야 할 길을 간다. 반면 자존감이 낮은 사람은 그렇지 않아도 자기 확신이 부족한 상태에서 거절까지 당하게 되면 심각한 상처를 입게 된다. 그러니 대인 관계에서도 적극적이지 못한 모습을 보이고 늘 자신 없는 표정을 짓게 된다. 이 역시 인간관계에서는 마이너스로 작용한다. 이제까지 살아오면서 배우자, 친구, 직장에서 만난 사람과 사이가 좋지 않다고 느낀다면, 그리고 그런 문제가 반복적으로 발생했다면 우선 자신의 자존감이 어느 정도의 상태인지를 점검해보아야 한다.

일상의 조그만 행복부터 찾아가야

자존감의 문제는 빠르고 쉽게 해결하기가 힘들다. 워낙 어린 시절에서부터 만들어지면서 단단해져 오는 것이기 때문이다. 하지만 그렇다고 극복하지 못할 문제도 아니다. 어릴 때는 자신의 감정을 조절하기도 힘들고, 합리적이고 이성적인 사고력도 부족하다. 그래서 주어진 상황을 어쩔 수 없이 수용할 수밖에 없다. 하지만 성인이 된다면 감정조절력과 사고력이 발달하기 때문에 과거의 문제를 충분히 현재의 시점에서 바로 잡을 만한 힘을 가지고 있다.

낮은 자존감을 높이기 위해서 첫 번째로 해야할 것은 바로 '비교하기'를 그만두는 일이다. 자존감이 낮은 사람이 보여주는 전형적인 특징은 후회, 죄책감, 자책 등이다. 이러한 감정을 반복적으로 느끼면 자신을 사랑하지 못하고 신뢰하지도 못한다. 그런데 후회, 죄책감, 자책은 모두 이 '비교하기'에서 시작된다. 예를 들어 내가 가진 재산의 정도와 자녀가 진학한 대학의 수준 등을 타인과 비교하게 되면, 그때부터 나는 '저 사람보다 못한 사람'이 될 수가 있다. 이제까지 살아온 내 인생이 후회될 수도 있고, 공부를 썩 잘하지 못한 자녀가 원망스러울 수도 있다. 하지만 만약 비교하지 않으면 지금 내가 가진 것만으로도 충분히 성취감과 만족감을 느낄 수가 있고, 내 자녀는 여전히 사랑스럽고 귀여운 존재이다. 타인과의 비교를 시작하는 순간, 후회, 자책, 죄책감이 생긴다. 하지만 반대로 이것을 그만두게 되면 자신에게 집중할 수 있고 부정적인 감정에서 벗어날 수가 있게 된다.

두 번째는 과거에 얽매이지 않고 리셋(Reset)하는 능력이다. 아마도 과거에 후회할 일을 하지 않은 사람은 이 세상에 단 한 명도 없을 것이다. 그러나 중요한 점은 그것에 얽매여 계속 무기력하게 살아갈 것인가, 아니면 과거와의 인연을 끊고 미래를 보고 살아갈 것이냐 하는 점이다. 어차피 과거는 그 누구도 바꾸지 못한다. 과거의 경험이 현재를 지배하게 그냥 놔두면 자존감에 무거운 쇠고랑을 스스로 채우는 격이다. '앞으로 잘하면 되지 뭐', '과거는 어차피 변하지 않아. 그게 뭐가 중요해? 앞으로가 중요하지!'라고 생각하면서 과거에 받았던 상처, 고통에서 적극적으로 벗어나야 할 필요가 있다.

세 번째는 계속해서 떠오르는 부정적인 생각에서 벗어나야 한다. 사람은 하루에 수없이 많은 생각을 하지만 대부분 긍정적인 것보다 부정적인 것이 더 많다. 물론 부정적인 생각을 많이 하는 데에는 이유가 있다. 이는 우리의 뇌가 혹시라도 문제가 생기면 사전에 대비하기 위함이다. 그러나 지나치게 부정적인 감정이나 생각에 사로잡히는 순간, 현실에서 활용할 수 있는 긍정적인 에너지가 상쇄된다. 그 누구든 슈퍼맨이 아닌 이상, 스스로 낼 수 있는 에너지에는 한계가 있다. 따라서 부정적인 것에 에너지를 많이 뺏기면 긍정적인 에너지가 줄어들 수밖에 없다. 그리고 긍정적인 에너지가 줄어들면 자신감도 떨어지고 우울감도 오기 때문에 자존감을 높일 수가 없게 된다.

　마지막으로 그 누구도 개입할 수 없는 자신만의 성공 경험을 쌓아 나가야 한다. 자존감은 사소한 행복과 함께 자라난다. 하루에 10분 운동하기도 좋고, 하루에 영어단어 3개 외우기도 좋다. 무엇인가 목표를 달성하고 그것을 성취했다면 부정적인 감정보다 긍정적인 감정이 들게 되고 이것이 행복감으로 연결된다. '와, 나도 할 수 있구나', '나도 몰랐던 나를 발견할 수 있어서 좋았어'라는 생각이 조금씩 쌓이면서, 이것이 자존감의 향상으로 이어지게 된다. 내가 나를 보는 관점이 달라지면, 자연스럽게 타인이 나를 보는 관점도 달라지게 마련이다.

　자존감이 높고, 삶에 당당한 사람. 이런 사람은 그 어떤 누구와도 유연하게 대화하고, 상대를 배려하는 말과 행동을 하게 된다. 그리고 여기에서 훌륭하고 좋은 인간관계의 첫 발걸음이 시작된다.

▶ 나의 인간관계를 좌우하는 사람은 타인이 아니다. 바로 나 자신일 뿐이다. 나에 대한 상대의 반응도 결국 내가 만들어 낸 것일 뿐이다.

▶ 비교하기를 멈춰야 자존감이 더 이상 떨어지지 않는다. 삶의 많은 부정적인 감정은 자신을 온전히 보지 못하고 자꾸 남과 비교하는 데에서 발생한다.

▶ 자존감은 행복감과 함께 자라난다. 그 누구도 방해할 수 없고, 비교할 수도 없는 일상의 작은 목표를 세워 조금씩 이뤄나가면서 성취감을 느껴보자. 자신의 자존감이 조금씩 높아져 간다는 사실을 느끼고 관계에서도 당당해질 수 있을 것이다.

희생을 배려라고
착각할 때 생기는 일

관계에 익숙하지 못한 사람이 관계를 유지하기 위해 가장 손쉽게 선택하는 방법이 바로 희생이다. 내가 희생하는 모습을 보이면 상대방은 그것을 고맙게 여기면서 관계를 지속할 것이라고 여기기 때문이다. 또 이러한 희생은 교묘하게 '배려'로 포장이 된다. 나의 주장을 내세우지 않는 것을 배려라고 여긴다는 점이다. 이것 역시 자신에 대해 당당하지 못하고 자존감이 높지 않기 때문에 발생하는 일이다. 반면 자존감이 높은 사람은 관계를 유지하기 위해 굳이 희생하려고 하지 않고, 그것을 배려로 포장하지도 않는다. 배려야말로 동등한 관계에서 해줄 수 있는 행동이기 때문이다.

문제는 이렇게 관계에서 자꾸만 희생하는 습관을 지니게 되면, 타인에 대한 과도한 기대감이 생긴다는 점이다. '내가 이렇게 많이 희생하고 배려해주었으니, 말하지 않아도 나에게 더 나은 방식으로 보답하겠지?'라는 생각이 든다. 그리고 만약 상대방이 기대에 못 미치게 되면 실망하게 되고 그것이 원망으로 발전하면서 결

국 관계에 악영향을 미치게 된다. 부모와 자식의 관계라면 모를까,
일반적인 관계에서의 희생은 결국 관계력이 부족한 사람이 그나마
관계를 유지하기 위한 하나의 방법일 뿐이다. 물론 그것이 좋은 결
과를 맺으면 좋겠지만, 사람은 늘 희생을 감수할 수가 없다. 억울한
마음이 들게 되고, 그러면 타인에 대해 비난을 하기 시작하기 때문
이다. 희생을 배려라고 착각하지는 않은지, 그리고 그로부터 과도
한 기대감이 생기지는 않는지를 되돌아보자.

관계의 거리,
'느슨한 관계'의 진짜 의미

우리는 인간관계를 파악할 때 제일 먼저 '거리'라는 것을 따진다. 그래서 '가까운 사이'가 있고, '그리 가깝지 않은 사이'도 있으며, 그 거리가 극단적으로 멀어지면 '나랑 관계없는 사이'가 된다. 당연히 가까운 사이일수록 더 신경도 많이 쓰고 챙겨주고, 관심도 기울여주게 되어 있다. 그러나 대개 인간관계의 문제점은 가까운 사이에서 벌어지는 경우가 많다. 가까우므로 오히려 서로를 더 힘들게 하고, 상처를 주고받을 가능성이 커진다는 의미이다.

'고슴도치의 딜레마(Hedgehog's dilemma)'라는 것이 있다. 추운 겨울에 고슴도치들이 얼어 죽지 않기 위해 서로 딱 붙어서 체온을 느끼니 따뜻해서 좋지만, 문제는 가시에 찔려 상처를 입는다는 점이다. 그래서 가까워지고 싶어도 가까이 가서는 안 되고, 또 너무 멀리 있자니 춥다는 것이 문제다. 사실 인간관계도 이와 매우 닮아 있다.

가까운 사이일수록 침범하는 일 잦아져

살면서 가장 가까운 사람이라면 단연 가족이다. 나의 엄마, 아빠, 혹은 내 자녀는 마치 나의 분신(分身)이며, 가족을 위해서라면 목숨까지 버릴 수도 있는 사이이기도 하다. 세상에 서로 의지하고 도움을 줄 수 있는 가족이 있다는 사실은 매우 행복한 일이지만, 문제는 자신에게 가장 많은 상처를 주는 사람도 바로 가족이라는 점이다. 그런데 왜 이렇게 서로를 사랑하고 가까운 사이에 서로 상처를 주고받는 것일까? 그것은 바로 가까우므로 너무 많은 '침범'을 하고 싶은 마음이 생기기 때문이다. '내 자식은 당연히 내 말을 들어야 해'라는 생각으로 자녀의 의견을 존중하지 않고 자율적인 의사선택을 침범하게 된다. 자녀는 이에 반항하게 되고, 그 모습에 화가 난 부모는 자녀를 더 꾸짖거나 혹은 용돈을 주지 않은 방식으로 처벌을 하기도 한다. 그러나 자녀는 처벌을 당했다고 해서 마음이 순식간에 고분고분해지지는 않는다. 오히려 그렇게 불합리하게 자신을 대하는 것에 더 화가 나고, 관계는 더 악화된다. 자녀가 성인이 되어 부모를 대하는 방식도 마찬가지다. 어느덧 성인이 되면 자기주장이 강해지고, 자신이 더 똑똑하다고 생각하며 부모에게 자신의 생각을 강요하기도 한다. 이 역시 부모의 의사를 존중하지 않는 침범 행위다.

가까운 친구 사이에서도 마찬가지다. 우리는 '친구 사이에는 비밀이 없어야 해'라고 생각하고, 혹시나 친구가 자신에게 말하지 않은 비밀이라도 알게 되면 배신감을 느끼곤 한다. 애인 사이에서는 상대방이 누구를 만나고 있는지, 누구랑 통화하는지를 전부 알아야 한다. 이것 역시 지나치게 사적인 영역에 침범하는 일에 불과하다. 직장생활에서의 인간관계도 다르지 않다. 상사와 부하는 명확하게 일로 연결된 관계임에도 불구하고 때로 부하의 잘못에 관해 '요즘 젊은 사람들은~'이라며 일 외의 영역에 대해 지적하고 침범하려고 한다. 이렇게 상대방에게 간섭하고 침범하게 되면 올바른 관계가 유지되기는커녕 점점 더 감정적으로 악화하는 사이가 되어 버린다.

그래서 인간관계에서 매우 중요하게 생각해야 할 점은 바로 '일정한 거리 두기', 혹은 '느슨한 관계'라는 점이다. 우리는 이러한 말을 부정적으로 받아들일 수도 있다. '저 사람과 거리를 두고 싶어'라고 말한다면 별로 친해지고 싶지 않다는 의미이며, 더는 친밀해지지 않고 거부하는 것으로 받아들인다. '느슨한 관계'라는 말도 마찬가지다. 왠지 이 말을 들으면, 서로에게 별로 관심도 없고, 전화도 자주 하지 않을 것 같은 느낌이다.

하지만 고슴도치의 딜레마를 떠올려보자. 둘은 서로에게 너무도 필요한 존재들이고, 또 너무도 서로의 체온이 절실하지만, 일정한 거리 이상으로 가까워지면 상처를 입게 된다. 따라서 사람과 사람 사이에도 어느 정도의 거리는 분명히 있어야 한다. '느슨한 관계', '일정한 거리 두기'는 상대방과 나의 차이와 다름을 인정하는 관계이며, 내가 침범할 수 없는 상대방만의 비밀의 공간이 있음을 받아들이는 관계이기도 하다. 설사 부모라고 해도 아이의 모든 것에 일일이 간섭하고, 전부를 통제할 수는 없다. 아이들에게도 자신만의 사생활이 있기 때문이다.

연구에 의하면 아이들은 4살 때부터 부모에게 거짓말을 하기 시작하고, 심지어 생후 6개월부터 부모를 교묘하게 속이려고 하기도 한다. 부모의 관심을 끌려고 일부러 우는 것도 이러한 속임수의 일종이다. 이러한 놀라운 능력(?)을 지닌 자녀를 '개별적인 인격체'로 인정하지 않고 모든 것을 자기 뜻대로 하려는 것은 관계를 망가뜨리는 지름길이다. '너는 너, 나는 나'라는 말은 인간미 없이 서로 각자 알아서 하자는 의미가 아니라, 서로에게 소중한 공간만큼은 남겨두자는 의미로 받아들여야 한다.

대화와 망각, 두 가지 현명한 방법

물론 이런 거리 두기, 느슨한 관계는 나만 잘해서 되는 일은 아니다. 인간관계는 쌍방향의 관계, 즉 주고받는 관계다. 내가 타인에게 상처를 주지 않아도, 타인이 나에게 상처를 주면 나는 그 상처에 고스란히 노출된다. 그래서 상대방이 나에게 지나치게 다가오면 이 역시 고민거리가 되기 마련이다. 더 큰 문제는 이런 일이 있다고 해서 모든 관계를 아예 멀리할 수만도 없다는 점이다. 그런 점에서 '나만의 자구책'을 마련해야 한다.

이는 크게 두 가지 방향으로 진행되어야 한다. 하나는 나에게 상처 주는 사람과 적극적으로 소통을 하는 방법이며, 두 번째는 상처를 받아도 그것을 이길 수 있는 나만의 힘을 길러 나가는 방법이다.

만약 내가 상처받았다고 생각되면 우선 상대방과 대화를 시도해야 한다. 물론 이렇게 하는 것이 쉬운 일은 아니다. 문제에 대해서 솔직하게 이야기하려는 태도 자체는 매우 훌륭하지만, 그 과정에서 상처를 또다시 드러내고 때로는 잘잘못을 따지며 논쟁하는 일을 피할 수 없기 때문이다. 하지만 그럼에도 불구하고 대화를 하지 않으면 문제는 더욱 악화되고 급기야 관계 자체가 단절될 수가 있다. 염증이 생기면 그 부위를 찢어서 수술하는 치유의 과정이 필요하다. 부드럽게 나의 감정을 이야기하면서 '앞으로 그러지 않았으면 좋겠어'라고 말할 수 있고, '혹시 나에게 왜 그랬는지 내가 알수 있을까?'라며 대화를 시작할 수도 있다. 나와 친한 사람을 지나치게 험담하는 경우라면, "그런 부분에 관해서는 내가 잘 모르니 셋이 함께 있을 때 이야기해보자"라고 할 수도 있다.

이런 소통과 합리적인 제안은 또 하나의 중요한 사실을 밝혀준다. 즉, 내가 진지하게 이야기했을 때 상대방이 얼마나 진정성 있게 받아들이냐 하는 점이다. 상대방도 나의 이야기를 듣고 고개를 끄덕이고 이해해준다면, 정말로 나와의 관계를 진지하게 생각하는 사람이다. 이런 사람이라면 앞으로도 함께 관계를 만들어나가도 좋을 것이다. 그런데 내 말에 오히려 섭섭함을 표하거나, 혹은 화를 낸다면, 상대는 최소한 나의 진정성 있는 말도 받아들일 준비가 되지 않은 사람이다. 소통과 합리적인 제안은 이렇게 나에 대한 상대방의 마음을 알 수 있는 절호의 기회이기도 하다. 만약 도저히 대화가 되지 않고 대화를 하면 할수록 상처만 받는 관계라면 심리적 거리두기를 하는 것도 괜찮은 방법이다.

두 번째는 나에게 생긴 상처를 빨리 극복해 나가는 방법이다. 그런데 아이러니하게 마음의 상처를 빨리 치료하는 가장 좋은 방법은 더 이상 헤집어서 계속 생각하지 않고 그냥 흘러가게 놔두는 일이다. 우리 몸에 상처가 나면 어떻게 해야 할까? 약을 바르고 붕

대를 감았으면 한동안 가만히 두어야 한다. 자꾸만 그 상처를 만지고 주무르면 더 통증이 느껴진다. 인간관계에서의 상처도 사실 마찬가지다. 자꾸 그것을 생각하면 계속해서 고통이 밀려온다. 그렇다고 해서 상처가 조금이라도 나아지면 모르겠지만, 사실은 전혀 그렇지 않다. 상대방이 나에게 왜 그랬을까를 한번 생각한 뒤에 내가 이해해줄 부분이 있으면 이해하면서 흘려보내야 하고, 설사 이해가 되지 않는다면, "나도 살면서 누군가에는 상처를 주지 않았겠어? 어쩌면 그 사람도 나를 이해하지 못했을지도 몰라"라며 스스로 위로하며 흘려보내야 한다.

'친한 관계', '진정한 관계'의 핵심은 바로 이러한 차이와 다름을 인정하는 적당한 거리 두기, 상처가 생겼을 때의 합리적 대화, 그리고 때로는 흘려보내는 지혜를 발휘하는 일일 것이다.

▶ 그 어떤 사이든 '거리 두기'가 필요하다. 너무 가까워지면 모든 것에 간섭하고 침범하고 싶어진다. 설사 혈연으로 묶인 가족이라고 하더라도 침범할 수 없는 영역이 존재한다.

▶ '느슨한 관계'를 받아들이자. 상대방은 나와 다른 사람이라는 것, 그래서 취향도, 성격도, 라이프 스타일도 다르다는 사실을 인정하자. 이렇게 하면 상대를 인정하고 나도 인정받는 관계가 될 수 있다.

▶ 누군가가 계속 나를 아프게 한다면 합리적인 소통을 해야 한다. 그러는 사이 나를 대하는 상대방의 태도도 확인할 수 있다. 결국 상처가 아물기 위해서는 시간이 필요하다는 사실을 믿자. 상처가 잊힐 수 있도록, 그냥 그대로 흘러갈 수 있도록 가만히 놔둘 필요도 있다.

건강한 관계에
꼭 필요한 덕목들

건강한 관계를 위해서는 몇 가지 반드시 필요한 덕목들이 있다. 다음과 같은 덕목을 잘 실천할 수 있을 때 관계는 잘 안착되고 평화롭게 유지될 수 있다.

▲ 관계조절 : 깊이와 거리를 조절해 침범하지 않는 관계를 만들자.

▲ 상호존중 : 내가 존중받고 싶은 만큼, 타인도 존중해야 한다.

▲ 헤아림 : 상대의 마음을 헤아리지 못하면 배려하고 존중하는 관계를 만들지 못한다.

▲ 갈등회복력 : 설사 갈등이 있어도 틀을 벗어나지 않고 그 안에서 해결할 수 있어야 한다.

▲ 솔직한 자기표현 : 가식과 허위로 상대방을 대하면 올바른 관계가 유지되기 힘들다. 솔직함은 서로를 엮는 소중한 마음의 끈이기 때문이다.

출처=문요한, <관계를 읽는 시간>

너무 가까워도 문제,
관계 중독

"

너무 과도하게 타인에게 집착하고 신경 쓰는 사람들이 있다. 이런 사람이 겪는 증상을 '관계 중독'이라고 말한다. 이런 중독은 일 중독이나 알코올 중독, 약물중독 보다 그 정도가 낮을 것으로 생각하지만, 정작 이를 겪고 있는 사람은 그에 못지않은 불안과 초조함에 시달린다. 심지어는 자신의 일상에 제대로 집중하지 못할 정도가 되기도 한다. 또 정작 자신에게 이런 관계 중독이 있다는 사실을 명확하게 인식하지 못한 채, 무의식적으로 관계에 집착하기도 한다. 예를 들어 알코올 중독이라면, '아, 술이 먹고 싶다', '술을 먹어야 해'라고 자신이 구체적으로 중독 증상을 인지하지만, 이런 관계 중독은 구체성 없이 막연한 심리적인 불안감이 조성되는 경우가 있다. 너무 멀어져도 문제지만, 너무 가까워지고 싶어 해도 문제인 인간관계. 이번에는 관계 중독에 대해서 알아보자.

피곤하고 지치는 상대방

관계 중독인 사람의 특징은 심리적인 안정감의 중심에 '나'가 아닌 '타인'이 존재한다. 일반적이라면 자신의 상황, 처지가 심리적인 안정의 중요한 요소다. '내'가 여유 있고, '내'가 행복하면 심리적으로 안정이 되고 그것에서 삶의 기쁨을 누린다. 하지만 관계 중독인 사람에게는 '나'라는 것이 사라진다. '저 사람이 날 떠나면 어떻게 하지?', '저 사람이 날 싫어하나?', '저 사람을 위해 내가 뭘 해야 하지?'라는 생각이 가득하다. 심지어 상대가 전화를 바로 받지 않으면 때로 자신을 싫어하는 것 같아서 침울해지기도 한다. 정작 상대방은 그것과 아무런 상관없이 그저 바쁘기 때문에 전화를 못 받는 것에 불과한데도 말이다. 또 상대방이 나에게 뭔가를 부탁했는데, 그것을 들어주지 못하면 죄책감에 시달리기도 한다.

더 중요한 것은 이런 생각이 들면서 심리적으로 매우 혼란스러워진다는 점이다. 불안, 수치심, 외로움이 극도로 강해지고 심지어 분노하게 된다. 상대에게 집착하고 상대만 바라보고 있는 상황에서 내가 원하는 만큼 상대가 해주지 않으면 가슴이 답답해지고 화가 나게 된다. 그러나 상대방 역시 이런 요구를 지속적으로 맞춰주기는 힘들다. 결국, 피곤하고 지친 상태로 떠나가게 된다. 이때 관계 중독인 사람은 두 가지 형태의 반응을 보인다. 하나는 이러한 분리를 인정하지 못하고 강박적으로 집착하며 이때부터는 '스토킹'을 하게 된다. 대체로 이 정도 수준의 강한 집착과 강박은 남녀 사이에 흔히 일어난다. 이런 반응이 아니라면 오히려 홀가분해지는 경우도 있다. 관계가 아슬아슬할 때는 오히려 불안감이 생길 수가 있다. 그러나 막상 헤어지게 되면 앓던 이가 빠진 듯 오히려 마음에 평온이 찾아온다. 그러나 이 정도에서 모든 것이 해결되는 사람이라면 그는 관계 중독이 아니다. 이런 사람은 한동안 시간이 지난 후 다시 자신이 중독적으로 집착할 상대방을 찾게 되고 그 사람과의 관계에 매몰되면서 다시 중독적인 생각과 심리상태를 가지게 된다.

그렇다면 이렇게 관계 중독에 빠지게 되는 이유는 무엇일까. 미국의 인간관계 상담가인 달린 랜서(Darlene Lancer)는 자신의 저서 <관계 중독>에서 그 원인을 이렇게 밝히고 있다.

"관계 중독자의 내면에는 자기가 사랑스럽지 않고 부끄러워서 사라져버리고 싶은 나쁜 감정, 즉 수치심이 있다."

아마도 이런 경험을 해본 적이 있을 것이다. 다른 사람과 신나게 어울리거나 혹은 그들과의 대화에 푹 빠져 있으면 어느 순간

'나'에 대한 생각이 잊혀진다. 자신의 내면을 성찰할 일도 없고, 자신과 대화를 굳이 할 필요도 없다. 그저 순간순간 주어지는 상황에 순발력 있게 대응하기 때문에 나를 생각할 시간적 여유가 없다. 일반적인 사람은 이러한 상황에 처하게 되더라도 대화가 끝나거나 친구와 헤어진 후에는 자연스럽게 나 자신으로 돌아오게 된다. 하지만 관계 중독인 사람들은 이렇게 '내가 잊혀진 순간'에서 희열을 느끼기 때문에 상황이 종료되면 오히려 고통을 느끼게 된다. 이것은 자신의 진정한 모습을 마주하고 있으면 심리적으로 고통스럽기 때문이며, 외로움에 빠진 자신을 견디기가 힘들어지기 때문이다.

이런 상태가 반복적으로 발생하는 것은 어린 시절 부모와의 애착 관계가 제대로 형성되지 않았거나, 혹은 부모로부터 버림받지 않을까 하는 원초적인 두려움 때문인 것으로 분석되고 있다. 자신 때문에 부모가 싸우는 모습을 자주 봤거나, 혹은 실제로 부모님이 아닌, 할머니나 할아버지에게서 자라는 경우에도 관계 중독이 될 가능성이 있다.

사라진 나를 찾아가는 여행

물론 어릴 때 부모와의 애착이 부족하거나 다른 사람의 보살핌

아래에서 자랐다고 해서 모두 관계 중독이 되는 것은 아니다. 다소 독립적인 성향의 성격이라면 그런 외로움에 크게 상관하지 않을 수 있으며, 부모와의 애착을 대신해 누군가로부터 충분히 사랑받는다면 빠르게 관계 중독에서 벗어날 수 있다.

이런 관계 중독은 SNS의 시대에 접어들면서 또 다른 양상으로 발전하고 있다. 새로운 사람과 관계 맺기가 쉬워지는 반면, 끊어지는 것도 쉬운 것이 바로 SNS이다. 누군가가 '좋아요'를 눌러주면 기분이 좋아지는 일도 매우 흔하다. 연구 결과에 의하면 'SNS 중독'에 걸린 사람은 대부분 '관계 중독'의 증상도 함께 가지고 있다고 한다.

SNS 중독자는 자신의 진심이나 본래의 모습을 잊어버린 채, '남들이 나를 어떻게 생각할까?', '남들에게 어떻게 보여야 할까?'에 집중하면서 관계 중독의 전형적인 증상을 나타낸다. 특히 SNS에서는 타인들의 행복한 모습이 무척 부각된다. 나만 빼고 모두 친구도 많고, 맛있는 것만 먹으러 다니고, 삶을 즐기는 것 같다. 이런 모습을 많이 볼수록 자신의 초라함은 더 부각되고 또다시 관계 중독으로 빠져들게 된다.

관계 중독에 시달려 익명의 다수 대중에게, 혹은 현실의 친구에게 집착한다는 생각이 들면, 이에 대한 시급한 대책을 스스로 마련해야 한다.

우선 '건강한 자기 분리'가 첫 번째다. 이것은 나의 영역과 타인의 영역을 분명히 구분하고 그 안에서 각자의 할 일이 다르다는 사실을 인정하는 일이다. 나의 감정, 심리, 생각은 온전히 타인과 분리되어 있으며, 나는 나를 위해 노력하겠다는 결심이 필요한 일이기도 하다. 상대방의 경계를 넘지 않으면서도 나는 행복하고, 나 역시 남의 경계를 넘어가면서까지 행복을 누릴 필요는 없음을 인식하는 일이기도 하다. SNS에서도 마찬가지다. 익명의 대중들이 어떻게 반응하든, 결국 '나는 나일 뿐'이라는 자각을 하고 그들의 반응에서 자신을 분리할 수 있을 때, 비로소 관계 중독에서 서서히 멀어질 수 있다.

또 관계 중독자들은 무엇보다 '사라진 나'를 찾아가는 여행이 절실하다. 내가 언제 무엇을 할 때 행복했는지, 나의 꿈과 목표는 무엇인지, 나는 무엇이 되고 싶은지를 되뇌고 계속해서 방향을 설정하다 보면 어느덧 타인과의 관계에서 사라져버린 내 모습이 조금씩 드러난다. 그리고 이렇게 드러난 나의 진짜 모습에 집중하게 되면 이제 더 이상 버려질 것 같은 두려움에서도 벗어날 수가 있게 된다. '버려지는 나'라는 것 자체가 이미 타인과의 관계를 전제로 한다. 혼자로서 내가 온전히 서 있으면, 나는 버려지거나 혹은 챙김을 받는 대상 자체가 되지 않는다.

▶ 나보다 타인에게 더 집중하거나, 다른 사람이 나를 어떻게 볼지 노심초사하는가? 또 SNS를 보면서 나만 행복하지 않다는 생각이 들고, 타인이 나에게 '좋아요'를 많이 눌러야 정서적으로 안정되는가? 이런 경우라면 관계 중독의 증상이 시작됐다고 봐야 한다.

▶ 관계 중독은 부모와의 애착 관계에 문제가 있었거나, 주변으로부터 충분히 사랑을 받지 못했기 때문에 생긴다. 이런 사람들은 '버림받을까 봐 두렵다'라는 마음을 가지고 있으며, 자신이 이 세상에서 쓸모없는 사람이 되는 것을 무척 공포스럽게 여긴다.

▶ 타인과 나의 건강한 분리가 필요하다. 나의 영역과 타인의 영역을 구분하고 그 안에서 나에게 집중할 수 있는 힘을 길러야 한다. 타인과의 관계가 없어도 오로지 홀로 온전히 설 수 있을 때, 관계 중독의 증상은 자연스럽게 사라지게 된다.

관계 중독
체크리스트

다음의 사항에 대해 "예", 혹은 "아니오"로 대답해보자.

1. 나는 사랑스럽거나 가치 있는 사람이 아니다.

2. 칭찬받거나 선물을 받으면 불편하다.

3. 가슴 한쪽에 구멍이 뚫린 것처럼 공허하게 느껴질 때가 많다.

4. 기쁨, 슬픔, 사랑 등의 감정을 표현하기 어렵다.

5. 나의 실수를 용납하기 어렵다.

6. 남에게 도와달라는 말을 하기 어렵다.

7. 일과 휴식의 균형을 맞추기 어렵다.

8. 나의 가치는 남을 도울 때 높아진다.

9. 남의 부탁을 거절할 때는 죄책감을 느낀다.

10. 내가 하고 싶지 않은 일도 때때로 기꺼이 자원한다.

11. 나를 기쁘게 하거나 나만을 위한 일을 하면 이기적이라고 생각된다.

12. 내가 원하는 일을 하기보다는 내게 소중한 사람이 원하는 일을 한다.

13. 상대가 어떻게 반응할지 걱정되어서 감정을 솔직히 표현하지 않는다.

14. 누군가와 '너와 나, 단둘'이라는 매우 친밀한 관계가 형성되지 않으면 불안하다.

15. 상대가 화나 있으면 나 때문일까 걱정된다.

"예"라는 대답이 0~5개면 독립심이 매우 강한 사람이다. 6~10개면 타인에게 다소 의존하는 경향이 있으며, 그 이상이면 타인에게 과도하게 의존하는 경향이 있다.

출처=서울시립대학교 인권센터

과거의 상처 때문에
다가서지 못하는 사람에게

과거의 상처는 현재의 행동을 머뭇거리게 만든다. 예를 들어 산을 오르다가 여러 번 부상을 당했다고 해보자. 그러면 산에 가기가 꺼려진다. 또다시 부상을 당할까 두렵기 때문이다. 마찬가지로 과거의 인간관계에서 상처를 받았다면 현재 새로운 관계를 맺기가 두려워진다. 또다시 상처를 받고 아파하면 자신이 너무 힘들기 때문이다. 이럴 때 관계는 겉에서 맴돌고 진정한 관계로 나아가지 못하게 된다. 설사 관계를 맺고 있다고 하더라도 계속해서 수동적이고 방어적인 경우가 많다. 이럴 때면 상대방이 오해할 수도 있다. 오해가 쌓이면 관계가 멀어지고, 이런 뜻하지 않는 상황이 닥치면 '역시나 저 사람은 나에게 또 상처를 주는군!'이라며 스스로 관계를 맺었다는 사실 자체를 자책한다. 관계의 악순환이 시작된다는 이야기다. 나와 상대가 겪었던 과거의 상처. 어떻게 새로운 발전의 계기로 삼을 수 있을까?

허무한 관계의 악순환

가족에게 받는 상처는 매우 트라우마가 강하다는 특징이 있다. 어린 시절 겪었던 것이기 때문에 그저 눈 한 번 질끈 감고 잊어버리기가 쉽지 않다. 자존감이 낮아지고 늘 불안과 공허감에 시달리기도 하고 심지어는 뇌의 구조까지 바뀌어 '상처받기 쉬운 사람'이 된다. 정서적으로 강인하지 못하기 때문이다. 자신감과 용기, 안정감과 사랑, 긍정성이 부족한 정서 상태로는 타인과 좋은 관계를 맺어가기가 쉽지 않다. 더 심각한 것은 자신에게 상처를 주었던 가족과 멀어져도, 심지어 영영 보지 못할 사이가 되어도 그 상처는 계속 남아 있다는 사실이다. 자신이 상처받았다는 사실 때문에 타인에게 상처를 주는 일에 매우 익숙해지기도 한다. 가족의 상처가 대물림되는 이유는 바로 이 때문이다. 학대를 받았던 아이가 부모가 되면, 다시 자신의 아이를 학대한다. 물론 이런 것마저 헌신적으로 극복하게 해줄 이성을 만나거나 마음을 줄 수 있는 동성 친구가 있다면 참으로 다행일 것이다. 그러나 모든 이에게 이런 일이 일어나지는 않는다.

친구나 지인으로부터의 상처도 때로 심각한 부작용을 낳는다. 흔히 사업을 하는 사람 중에 과거에 크게 배신을 당했던 사람은 타인을 더 이상 믿지 못하는 성향을 보인다. 그래서 비록 돈을 많이 번 사람 중에도 주변에 사람이 없는 경우가 많다. 끊임없이 의심하고, 경계하는 사람과 계속해서 함께 관계를 맺어나가기는 쉽지 않은 일이다. 그의 돈을 보고 옆에 있는 사람은 있을 수 있겠지만, 매우 공허한 인간관계가 아닐 수 없다. 그리고 어느 순간 사람들이 또 떠나가게 되면, '역시 돈 때문에 내 곁에 있었던 거였어. 역시 사람이란 존재는 믿을 수 없어'라고 말할 뿐이다. 이렇듯 과거의 상처는 현재의 인간관계는 물론, 미래의 인간관계마저 어둡게 만들게 된다. 이런 악순환에서 벗어날 방법은 없을까.

이런 상황에서 가장 먼저 해야 할 것은 자신의 상처와 고통을 마주 봐야 한다는 점이다. 심리적인 상처는 내면의 불안, 창피함, 자존감 하락을 동시에 가져온다. 그래서 있는 사실을 그대로 받아들이기 힘들어하고 계속해서 회피하고 싶어진다. 당장은 고통을 끌어 안고 있는 것보다는 회피해야 내가 그나마 행복해질 수 있기 때문이다. 그것은 일종의 마약과 같은 효과를 발휘한다. 그래서 상처가 떠오를 때마다 회피를 선택하면서 고개를 돌리고 만다. 하지

관계의 승리자들

만 이렇게 해서 상처의 근원이 사라지면 얼마나 좋을까? 치통이 있다고 계속해서 진통제를 먹어봐야 치아는 계속해서 썩어들어 가게 마련이다. 그래서 회피하기를 멈추고 나의 상처를 직시하는 고통을 기꺼이 감수해야 한다. 과거에 그런 상처가 생긴 원인을 집요하게 생각해보고, 냉정하게 평가하고, 나의 잘못은 뭔지, 부모나 친구의 잘못은 무엇이었는지를 생각해야 한다. 종이에 적어서 시각화하면 명료한 느낌이 들 수 있다. 물론 회피하려던 것을 마주하려니 마음이 더 힘들어지는 것은 사실이다. 하지만 치아를 뽑아버리는 고통을 겪지 않으면, 통증도 사라지지 않는다. 힘들어도 회피하기를 멈춘다면, 고통스러워도 상처를 직시할 수 있다.

어딘가 나 같은 사람이 있다면

설사 눈물이 흐를 정도로 고통스러워도 그 과정은 반드시 지나야 하며, 또한 울음은 카타르시스의 효과가 있어서, 한번 울고 나면 속이 시원해지고 상황을 온전히 받아들일 체력을 다시 만들어 주기도 한다. 이런 과정을 거쳐 자신의 고통을 제대로 봤다면, 이제 자신을 사랑해줄 사람은 세상에서 단 한 사람, 바로 자신밖에 없다는 사실을 받아들여야 한다. 누군가를 탓한다고 해서 상처가 사라지지 않는다. 내가 온전히 나를 책임지겠다는 생각을 가질 때 드디어 마음은 서서히 회복력을 발휘한다. 내 인생의 주인공은 결국 나일 뿐이며, 심지어 나에게 상처를 주었던 그 사람들마저 이제 더 이상 내 앞길을 방해할 수 없다는 확고한 신념을 가질 때, 비로소 나는 상처를 콘트롤할 수 있는 위치에 서게 된다. 조금씩 나를 격려하고 사랑해주면서 비로소 상처에서 독립적인 자유의 길을 갈 수 있게 된다.

이러한 과정을 반드시 거쳐야 하는 이유는 살다 보면 앞으로도 우리는 상처받을 기회가 또 있기 때문이다. 그러나 과거에 상처와 고통을 극복했던 과정을 거친 사람과 그렇지 않은 사람 사이에는 큰 차이가 있다. 상처를 극복해봤던 사람은 또다시 상처를 받아도 회복력이 빠르고, 오히려 거기에서 교훈까지 얻어 삶의 수준을 더욱 높일 수도 있다. 그리고 마음속에서 자신도 모르게 '까짓것, 옛날에도 이겨봤는데, 이거라고 못 이기겠어?'라는 당당한 자신감이 생겨난다. 그리고 상처를 극복해본 사람은 타인의 상처에도 더욱 관심을 기울여 새로운 관계에서도 다소 배려심 있게 상대를 대할 수 있고, 이것이 올바른 관계 구축을 위한 탄탄한 토대가 되어 준다.

그런데 내가 아닌 상대방이 이런 상처를 가지고 계속해서 그것을 회피하고 있다면 어떨까? 그래서 나에게 다가오지 못하고, 나를 경계하고 있다면? 물론 이럴 때 선택권은 온전히 당신에게 있다.

상대의 그 모든 고통과 상처까지 안아주면서 그를 변화시켜줄 수 있는 열정을 내기란 쉽지 않은 일이다. 그래서 그냥 스쳐 가는 인연이라고 생각하며 손을 뻗지 않을 수도 있다. 그러나 만약 당신도 언제가 한때는 그와 같은 처지였다면, 그래서 마치 '과거의 나'를 보고 있다는 생각이 든다면 한 번쯤 진지하게 손을 내밀어볼 수도 있다. 혹시라도 상대방이 당신의 조언을 통해서 상처와 고통을 덜어낼 수 있다면, 아마도 당신은 세상에서 가장 고마운 사람으로 오래오래 기억될 수 있기 때문이다. 그리고 상처 입은 사람들끼리, 더 이상 상처를 입지 않는 더 업그레이드된 훌륭한 관계를 오래오래 이어갈 수도 있다.

세 문장 요약

▶ 부모, 혹은 친구로부터 받은 많은 상처가 사라지지 않을 때 우선 회피하기를 멈추고 똑바로 감정을 바라보아야 한다. 그 감정을 있는 그대로 받아들이고, 생각의 결과를 종이에 정리하는 것도 방법이다. 또 이것을 주기적으로 하다 보면 서서히 가볍게 대할 수가 있다.

▶ 힘들었던 자신을 있는 그대로 받아들인 후 '괜찮다'고 위로하고 울게 되면, 카타르시스를 느낄 수 있고 다시 시작할 용기를 얻을 수 있다.

▶ 이제 자신을 돌보고 사랑할 사람은 세상에서 자신이 유일하며, 그 누구도 그 길을 방해할 수 없다는 사실을 확신하자.

상처에서
멀어지는 법

상처에서 멀어진다는 것은 곧 과거에서 멀어진다는 이야기다. 과거에서 멀어지면 우리는 삶을 바꿀 수 있다. 과거의 상처에 고통받는 사람은 '과거라는 시간 — 과거라는 공간 — 과거에 나에게 상처를 준 사람'에서 헤어나오지 못하고 있다. 따라서 이런 사람에게 절실한 것은 바로 '지금이라는 시간 — 여기라는 공간 — 남보다는 나를 사랑하는 자세'가 필요하다.

"지금"
과거가 아닌
지금에 집중

"여기"
내가 존재하는
지금의 공간에 집중

"나 > 남"
남에게 신경 쓰기보다,
나에게 더욱 집중

나의 행복을 방해하는 것에 신경 쓰지 않는 것. 그리고 그렇게 하기 위한 '마음의 운동'을 꾸준하게 할 필요가 있다.

반복적으로
관계에서 문제가 생긴다면

　　과거의 트라우마와 상처 등이 현재의 인간관계에 영향을 미친다는 사실은 일명 '스키마 치료 이론(Schema Therapy)'에서 보다 체계화되었다. 사람의 내면에 잠재된 '스키마'라는 것이 계속해서 현실에서 고개를 내밀게 되고 관계를 좌우하게 된다는 내용이다. 보다 근본적인 관계의 해법을 찾고 싶다면 이 스키마가 무엇인지를 알아야 한다. 더 나아가 스키마에 의한 자신의 반응을 의식적으로 조절함으로써 문제를 조금씩 해결해 나갈 수가 있다. 비록 '이론적인 내용'이기는 하지만, 그다지 어려운 내용은 아니다. 하나씩 따라가다 보면, 자신과 타인을 분석할 수 있는 매우 유용한 틀을 손에 쥘 수 있을 것이다.

마음속에 감춰졌던 스키마

스키마는 어렸을 때부터 우리 마음에 생긴 특정한 '도식'이다. 즉, 외부의 상황을 받아들이는 과정에서 생긴 특정한 믿음, 그리고 상황에 대한 나름의 인식이다. 예를 들어 어렸을 때 개에 물린 경험이 있으면, 이 아이의 믿음에는 '개=무서운 동물'이라는 도식이 형성된다. 반대로 귀여운 강아지와 즐거운 한때를 보낸 기억이 있는 아이라면 '개=귀여운 동물'이라는 도식이 형성된다. 심지어 이런 도식은 생리적 변화도 초래하는데, 개에 물린 아이는 개만 보면 자신도 모르게 심장이 뛰고 손이 떨릴 수도 있다. 이러한 스키마 유형은 크게 총 5가지로 분류되고, 각 분류 아래에 또다시 하부 유형이 존재한다.

❶ 단절과 거절

▶ **버림받음과 불안정** : 상대방을 신뢰할 수 없다고 느끼고 사소한 말에도 지나치게 반응. 자신을 버릴 가능성이 있다고 생각한다.

▶ **불신과 학대** : 가까워지는 것을 피하고 사람들을 믿을 수 없다고 느낀다. 사람들이 자신을 모욕하고 조종한다고 느낀다.

▶ **정서적 결핍** : 자신이 사랑받을 만하다는 느낌을 받지 못하고 결핍감을 느끼면서, 분노를 쌓아간다.

▶ **결함과 수치심** : 자신에게 결함이 있고 남들이 원치 않는다고 느낀다. 타당한 비난을 받아들이지 못하고 방어적이며 적대적이 된다.

▶ **사회적 고립과 소외** : 타인과 나를 비교하고 늘 외로움을 느끼고 고립되어 있다고 생각한다.

❷ 손상된 자율성과 수행능력

▶ **의존과 무능감** : 자신의 성공을 평가절하하고 새로운 도전을 하지 않는다. 의존심을 조장하는 이성에게 끌린다.

▶ **위험과 질병 취약성** : 끔찍한 재난이 일어날 것이며, 그에 대한 과장된 공포를 지닌다.

▶ **융합과 미발달된 자기인식** : 개별적인 정체성이 부족하고 타인과 정서적으로 너무 연루되어 있다.

▶ **실패** : 자신이 이미 실패했거나 결국 실패할 것이라고 믿으며 무능하고 성공적이지 못하다고 느낀다. 자신의 잠재력보다 낮은 수준의 일을 택한다. 대리만족을 위해 성공한 사람을 만난다.

❸ 손상된 자기 통제 및 한계

▶ **특권의식과 과대성** : 자신은 남들보다 우월하고 특별한 권리를 누릴 자격이 있다고 생각한다. 경쟁적인 태도를 보이며 타인을 지배하려고 한다.

▶ **부족한 자기 통제와 훈련** : 개인의 감정이나 충동을 조절하지 못하고 좌절을 견뎌내는 능력을 발휘하지 못한다.

❹ 과다한 타인 중심성

▶ **복종** : 처벌이나 타인의 분노, 보복이 두려워 지나치게 타인에게 복종한다.

▶ **자기희생** : 자신의 요구나 권리를 주장하지 못하고, 타인과 연결되기 위해 과도한 노력을 한다.

▶ **승인과 인정 추구** : 스스로의 발전보다는 타인의 승인이나 관심, 인정을 받는 것에 과도한 노력을 기울인다.

❺ 과도한 경계 및 억제

▶ **부정성과 비관주의** : 고통과 죽음, 좌절, 배신 등 삶의 부정적인 면에 초점을 맞춰 사고한다. 만성적으로 불평이 많고 우유부단하다.

▶ **정서적 억제** : 자신의 느낌과 욕구를 자연스럽게 소통하는 것을 어려워하고 자신을 지나치게 억제한다.

▶ **처벌** : 실수를 하면 누구나 가혹한 처벌을 받아야 한다고 믿으며, 타인의 실수를 너그럽게 용서하지 못한다.

▶ **엄격한 기준과 과잉비판** : 완벽주의. 기준이 높고, 달성하지 못하면 과도하게 비판한다.

이러한 부정적인 스키마들은 평소의 일상적인 모습에서는 잘 드러나지 않는다. 왜냐하면, 이러한 스키마들은 무의식 깊은 곳에 자리 잡고 있기 때문이다. 그런데 이것이 튀어나오는 순간은 특정한 사건, 정서, 분위기가 형성될 때이다. 예를 들어 '자라 보고 놀란 가슴 솥뚜껑 보고 놀란다'라는 속담이 있다. 평소에는 아무런 문제가 없지만, '솥뚜껑'이 눈에 보이는 순간, 자라로 연결이 되면서 놀라움을 느끼게 된다.

해법은 원인을 아는 것에서부터

이러한 분류를 자세히 살펴봤던 것은 자신과 타인의 마음을 분석하기 위한 매우 유용한 도구이기 때문이다. 일단 자기 자신에게 이를 적용해보면서, 이제까지 자신이 해왔던 관계의 패턴들을 다시 살펴볼 필요가 있다. 예를 들어 이성 친구를 오래 사귀지 못한다거나, 혹은 친구를 자주 의심한다거나 하는 반복적인 관계의 패턴들이 나타난다면, 거기에는 반드시 특정한 스키마가 작동할 가능성이 매우 크다. 예를 들어 '버림받음과 불안정'에 대한 스키마가 작동해서 타인이 나를 멀리하기 전에 오히려 자신이 타인을 먼저 멀리하는 경우이다. 또 친구의 잘못에 대해서 여유 있게 넘어가지 못하고 지나치게 민감하게 반응을 하는 경우라면 '엄격한 기준과 과잉비판'이 자리 잡고 있을 수 있다. 또 '유난히 잘난 체를 많이 한다'는 이야기를 듣는다면 '특권의식과 과대성'이라는 스키마 때문일 수가 있다. 주체적으로 선택하기를 주저하는 경우가 많다면 '의존과 무능감'이 작동한 것일 수도 있다.

이런 스키마를 자신에게 적용해본다면, 우선 조용히 내면을 진솔하게 들여다보면서 '도대체 내가 왜 불편함을 느끼지?'라는 것을 생각해보고 그 원인을 파악하려고 노력해야 한다. 그리고 나를 객관화 시켜 마치 제3자처럼 바라보면서 나의 반응을 살펴보는 것도 유용한 방법이다. 이렇게 하면 즉각적인 감정적인 반응에서 한걸음 떨어져 나와 자신의 마음속으로 들어가 좀 더 깊은 이해를 하게 된다.

만약 이 도구를 통해서 타인을 관찰하게 된다면, 우리는 타인에 대한 일방적인 비난과 미움에서 벗어날 수가 있게 된다. 예를 들어 상대방이 자신의 상식으로는 잘 이해되지 않는 말과 행동을 한다면 무조건 '이상한 사람', '도저히 이해가 안 되는 사람'이라고 치부하지 않고, 혹시나 내면의 어떤 스키마가 작동하는지를 예상해보고 그러한 상처를 보듬어 줄 수 있는 방법을 생각해낼 수 있다. 물론 그 스키마가 도저히 자신이 감당할 수 있는 것이 아니라면, 관계에 대해서 다시 생각해봐야 할 것이다. 하지만 그럴 정도까지가 아니라면, 어느 정도의 도움을 주어 과거의 스키마에서 벗어날 수 있도록 해주는 것도 신뢰성 있는 인간관계의 하나가 될 수 있다.

세상의 모든 변화는 '문제의 원인을 아는 것'에서부터 출발하게 된다. 그것이 심리적인 문제든, 아니면 사업적인 문제든 일단 원인을 알지 못하면 해결방법을 찾기 힘들게 된다. 하지만 일단 원인부터 파악하게 되면 스스로의 힘이나 타인의 도움으로도 해법을 조금씩 찾아 나갈 수 있게 된다.

▶ 관계에서 비슷한 문제가 반복된다는 것은 곧 그 원인이 사라지지 않고 계속해서 남아 있다는 것을 의미한다. 나의 관계가, 혹은 내가 아는 누군가의 관계가 계속해서 꼬인다면, 거기에는 분명한 원인, 즉 스키마가 있다고 봐야 한다.

▶ 스키마는 나를 분석할 수 있는 유용한 도구이다. 자신의 내면을 진솔하게 바라보면서 어떤 스키마가 있고, 그러한 불편함의 원인은 무엇인지를 생각해볼 필요가 있다.

▶ 이를 타인에게 적용해본다면, 자신이 이해가 되지 않는다고 무조건 매도하거나 관계를 멀리하려고 하지 말고, 일단 상대방의 스키마가 무엇인지 생각해보고 도움을 줄 방법을 찾아볼 수 있을 것이다.

좋은 대화를 위한 심리적 수위의 중요성

인간관계를 매개하는 가장 중요한 통로는 당연히 '대화'이다. 사람들은 대화하면서 서로를 알아가고, 대화를 통해 친해지게 된다. 따라서 둘 간에 어떤 대화가 어떤 방식으로 이루어지느냐는 관계를 이어나가는 데에 있어서 핵심이라고 해도 과언이 아니다. 그런데 이 대화의 주제와 방식을 스스로 제어하고 관리해야 할 필요성이 있다. 예를 들어 다소 우울한 상태에 있는 사람에게 지나치게 자신의 자랑을 한다든지, 혹은 일자리가 절실하게 필요한 상대방에게 내가 하는 일이 얼마나 잘되고 있는지를 이야기하는 것은 오히려 대화를 어긋나게 할 뿐이다.

세상에서 가장 재미없는 일 중의 하나가 바로 지루한 대화를 이어가는 일이다. 내가 말할 기회는 없고 끊임없이 상대방의 말만 들어야 하는 상황. 하소연도 한두 번이지, 상대방의 우울한 이야기를 계속해서 듣게 되면 둘 다 지치게 된다. 따라서 누군가와 대화를 할 때는 상대방의 상황과 처지를 반드시 감안해서 대화의 주제를 정해야 하고, 또한 그에 맞게 말을 주고 받아야 한다. 또한, 상대방의 현재 심리적인 처지도 함께 감안해야 한다. 상대방은 딱히 재미있는 삶을 살지 않는데, 나 혼자 재미난 인생을 사는 것처럼 이야기하는 것도 서로의 심리적인 수위가 맞지 않는 대화의 방법이다.

PART 2

비난과 질투,
미워하는 마음을 없애기 위해

일부러 작심하고 관계를 망치려는 사람은 그리 많지 않다. 분명 상대방에게 잘못이 있다고 생각하고, 그것을 바꾸기 위해 조언을 하려다 보니 다툼이 시작된다. 자신에게는 '조언'이지만, 상대방에게는 '비난'으로 들리는 경우가 많기 때문이다. 따라서 상대에 대한 비난의 문제는 관계에 있어 특별히 주의해야 할 필요가 있다. 비난이 계속되면 미워하는 마음이 커지고 결국 관계는 돌이킬 수 없는 상태에 진입하게 된다. 이와 동시에 질투가 문제가 되기도 한다. 가까운 사이라도 질투에서 완전히 벗어나기는 힘들고 여기에 휘둘리면 겉으로는 멀쩡한 사이가 갑자기 틀어지기도 한다. 비난과 질투에서 벗어날 방법에는 어떤 것이 있을까?

비난이 할 수 있는 일이라곤, 아무것도 없다

관계는 어느 순간에 갑자기 나빠지지 않는다. 서서히 악화하는 과정을 거치게 된다. 처음에는 상대방이 마음에 들지 않는 행동을 하더라도 누구나 인내를 할 수 있다. 그러다 결국 그것이 폭발하는 과정에서 비난이 시작된다. 타인의 잘못을 지적하고 고칠 것을 요구하고 심지어 그의 행동을 타인에게 알리기까지 한다. 물론 이러한 지적에 상대방이 얼른 사과하고 다시 관계를 회복하면 최선이겠지만, 이런 일은 현실에서 잘 일어나지 않는다. 타인의 비난에 화가 난 당사자는 다시 항변하고 반박하면서 관계는 악화가 된다. 이는 회사 내에서도 마찬가지다. 상사와 부하 사이에서는 겉으로 드러나지 않을 뿐, 수면 아래에서 이런 일이 반복되고 자신의 행동에 대한 비난을 제3자로부터 건너 들으면 모욕감까지 느끼게 된다. 이러한 반복적인 과정이 사라지지 않는 한, 관계의 악화는 막을 수 없는 일이다.

비난 대신 함께 해결하려는 의지 중요

사람은 살면서 누구나 실수를 한다. 상대방이 할 수도 있지만, 내가 할 수도 있다. 중요한 것은 실수가 아니라, 그 실수를 어떻게 개선하면서 둘이 함께 만족할 수 있는 관계를 만들어나가냐의 문제다. 하지만 여기서 결정적인 장애물로 작용하는 것이 바로 '비난의 과정'이다. 비난이 시작되는 순간, 미워하는 감정이 생기고 반발이 시작되면서 관계는 해법을 찾지 못하고 늪으로 빠지게 된다. 물론 여기에서 이렇게 반문할 수 있다.

"상대가 잘못했는데 어떻게 지적을 하지 않을 수 있나요?"

중요한 점은 비난과 비판은 전혀 다른 성질의 것이며, 비판을 해야 할 상황에서 비난하게 되니 관계가 나빠지게 된다는 점이다. 비난은 '남의 잘못이나 결점을 책잡아서 나쁘게 말하는 것'을 의미한다. 핵심은 '나쁘게 말하는 것'이다. 함께 힘을 모아 문제를 극복하려거나 해법을 찾아보는 일이 아니라 그저 '나쁘게 말하는 깃'이 바로 비난이다. 그러나 비판은 이와는 전혀 다르다. '옳고 그름을 따져서 판단하고 분석한 후, 문제의 해결책을 찾아가는 일'이다. 비난이 나쁘게 말한 후 상대방의 기분을 망치는 것에 불과하다면 비판은 객관적으로 상황을 분석하고 그것을 극복해 나가는 과정이다.

배우자가 과도하게 사치를 했다고 해보자. '비난'은 사치의 원인과 이유를 따지지 않고 그저 잘못을 지적하고 심지어 욕설을 하는 것이다. 하지만 비판은 감정적인 대응보다는 어떤 불가피한 이유는 없었는지 함께 생각하고, 문제가 무엇이었는지, 혹시 습관적으로 그랬다면 앞으로 어떻게 바뀔 수 있는지를 함께 생각해보는 일이다.

또 비난에는 감정이 무척 많이 실린다. 어투, 표정에서 상대를 원망하고 미워하는 표현이 담겨 있다. 상대방도 자신을 향한 이런 표현을 좋아할 리는 없다. 반면 비판은 우선 감정을 다소 배제한 채 부드럽고 합리적으로 행해진다. 감정이 과도하게 섞이지 않으니, 비판을 받는 사람 입장에서도 감정적으로 동요되지 않고 다소 안정된 상태에서 문제의 해결을 위해 서로 협력할 수가 있다. 하지만 이렇게 보다 쉽고 원만한 방법이 있음에도 불구하고 비난이 앞서는 경우는 매우 흔하다.

비난에 익숙한 사람은 공통적인 특징과 정서적 패턴을 가지고 있는 경우가 많다. 올바르게 비판하는 방법을 알아보기 전에 왜 비난을 하는가부터 알아보고 그 원인을 제거해야 한다.

비난을 자주 하는 사람의 내면에는 자기 열등감이 존재할 가능성이 매우 크다. 열등감이 많은 사람은 과도하게 예민해져 있고 불만족스러운 상태에서 누군가가 잘못한 모습을 보면 곧 폭발하게 된다. 마음에 여유가 없으니 그것을 봐줄 수 있는 너그러움이란 존재하지 않는다.

우선 상대방을 인정하고 시작

따라서 상대방이 사소한 잘못을 하더라도 과도하게 공격하게 된다. 열등감이란 본질적으로 타인과의 비교에서 오는 감정이다. '나는 저 사람들보다 못해', '나는 아무리 하려고 해도 저런 사람처럼은 안돼'라는 심정이다. 그런데 이러한 열등감이 조금이라도 보상을 받기 위해서라면 타인을 과도하게 비난해야만 한다. 남을 비난하고 욕설을 할 때 자신이 조금은 우월해지는 감정이 생기고 스스로 우쭐해지는 것을 느낄 수 있다. 열등감으로 힘들었던 자신의 고통이 조금이나마 보상을 받게 된다. 따라서 혹시 자신이나 타인이 비난에 과도하게 익숙해져 있다면, 바로 이러한 이유 때문은 아닌지부터 되돌아봐야 한다.

비난을 넘어 건전한 비판을 하기 위해서는 우선 감정은 최대한 배제해야 하며, 가능하면 자신의 감정을 완전히 외면할 수 있어야 한다. 중요한 것은 나의 '감정을 더뜨리는 일'이 아니라 '문제를 해결하는 일'이기 때문이다. 두 번째는 '내가 아닌 너의 문제'로 규정짓지 말고 '너와 나의 문제'로 생각해야 한다는 점이다. 배우자가 사치를 했다면 단순히 배우자만의 문제일까? 아이가 부모의 뜻대로 하지 않으면, 오로지 잘못한 것은 아이일까? 그렇지 않다. 관계 속에서 일어나는 모든 일의 원인은 바로 그 관계 내부에 존재한다. 따라서 관계에 참여하는 나와 네가 모든 문제의 주체이다. 이렇게 지금 눈앞에 생긴 문제를 상대의 문제가 아닌 공동의 문제로 정의하면 상대방과 나는 한배를 탄 것이 되고, 서로 협력해야 할 이유가 생긴다. 그다음에 해야 할 일은 먼저 상대방의 입장을 헤아리는 것이다. 상대의 입장을 헤아리기 위해서는 우선 상대의 잘못을 '충분히 가능한 일'이라고 전제해야 한다. 내 생각에서는 이해가 되지 않더라도 일단은 상대를 인정해주고 시작해야 한다. 마음에서 이렇게 인정하게 되면 다소 차분하게 문제 해결에 접근할 수 있다. 또 문제를 해결하는 과정에서 상대의 인격이나 인성을 거론해서는 안 된다.

"너는 애초에 그런 인간이야."

"인간이 되먹질 못했어."

"너는 도저히 변할 수가 없는 사람이야."

이런 말들은 상대가 저지른 특정 문제에 논의를 국한하지 않고 인격과 인성 전체를 부인하는 느낌을 준다. 그리고 이런 말을 들은 사람은 여기에 반발하지 않을 수 없다. 따라서 이러한 문제는 최대한 배제한 채, 비난이 아닌 비판을 하고, 서로가 문제를 해결하기 위한 협력의 자세를 만들어야 한다. 이럴 때 오히려 상대의 잘못은 한 단계 더 성숙해지는 계기가 되고, 나는 그와 함께 모두의 성장을 이끄는 훌륭한 파트너가 될 수 있다. 일방적으로 비난만 하는 관계에서는 도저히 일어날 수 없는 새로운 변화가 시작된다는 이야기다.

세 문장 요약

▶ 타인의 잘못을 볼 때면 그의 잘못을 맹렬하게 지적하고 고치고 싶어질 수 있다. 그리고 그렇게 하는 것이 그 사람의 입장에서도 좋은 일이라고 생각한다. 그에게 변화와 개선의 여지를 줄 수 있기 때문이다.

▶ 문제는 건전한 비판이 아닌, 비난이 시작된다는 점이다. 비난은 그저 '나쁜 말'을 늘어놓는 것에 불과하고 비판은 함께 문제를 해결해 나가는 합리적인 과정이다.

▶ 비난을 줄이기 위해서는 열등감에서 벗어나고 자기 삶의 만족감을 높여야 한다. 타인을 비난한다고 자신이 높아지는 것은 아니라는 사실을 깨닫고, 상대방을 긍정적으로 바라볼 때, 건전한 비판이 가능해진다.

관계를 개선하는
3가지 행동력

"이해하고, 사랑하고, 도움 주자"

상대를 이해하게 되면 내 마음이 편안해진다.

하지만 오해를 하면 불편해질 수밖에 없다.

사랑을 하게 되면 기쁘지만,

미워하게 되면 나도 괴롭다.

도움을 주게 되면 기쁘지만,

나만 계속해서 도움을 받는 것도 불편한 일이다.

내가 먼저 이해하고, 사랑하고 도움을 주는 것은 결국 상대와 내가

함께 행복해지는 길이다.

그럼, 내가 비난을 들었다면 어떻게 해야지?

내가 누군가를 비난하지 않더라도 타인이 나를 비난할 수 있다. 이런 비난은 역시 나에게도 적지 않은 혼란과 고통을 준다. 특히 과도한 비난은 모멸감으로 이어지고 이는 자신의 인격이 망가지는 경험으로 이어진다. 실제로 극심하게 모멸감을 받은 사람은 심리적 상처를 받는다. 그런 점에서 타인의 비난과 모멸감으로부터 나를 지켜내는 일은 인간관계에서 매우 중요한 문제가 아닐 수 없다. 하지만 정말로 다행인 것은 나에 대한 타인의 비난을 내가 어떻게 다루느냐에 따라서 때로는 나의 성장에 도움이 될 수도 있고, 또 다른 나를 발견할 수 있는 뜻밖의 기회가 되기도 한다.

비난에 대처하는 여러 가지 방식들

타인이 나를 비난하거나, 혹은 비난했다는 이야기를 건너서 들으면 가장 먼저 반발심이 생긴다. 나의 의도는 전혀 고려하지 않고 일방적으로 나를 비난하는 말을 도저히 수긍할 수 없기 때문이다. 설사 내가 잘못을 했다고 하더라도 과거에 나 못지않은 잘못을 했던 상대방의 모습도 생각나면서 "너는 도대체 얼마나 잘났길래"라며 따지고 싶은 마음이 든다. 특히 이런 마음이 더 강하게 드는 이유는 나에 대한 비난의 이야기를 들은 내 주변의 사람도 나를 오해할까 더 화가 나기 때문이다. 나에 관한 잘못된 평가와 판단에 다른 사람이 물들 수 있다는 사실은 나의 또 다른 친한 친구를 잃어버릴 것 같은 두려움을 만들어 내기도 한다. 그래서 일단 우리가 생각해야 할 점은 '상대가 나를 비난했을 때 나는 과연 거기에 어떻게 대응해야 할까?'이다. ▲당장 달려가서 따지고 반박할 수도 있고 ▲같이 비난을 되돌려주기 위해 그 사람에 대해 비난을 할 수도 있고, 그것도 아니면 ▲그냥 가만히 있는 것도 하나의 방법이다. 앞의 두 가지 방법은 나의 화를 풀 수 있는 하나의 방법이기는 하다. 나만 억울하게 비난받고 있다는 사실에 가만히 있으면 도저히 억울해서 살 수 없을 것 같다는 생각이 들기 때문이다. 물론 내 억울한 마음을 발산할 수 있기 때문에 감정적인 면에서는 효과가 있겠지만, 내가 당한 비난에 대한 근본적인 해결책이 되기는 힘들다. 어떤 방식으로든 따지거나 비난을 되돌려준다고 해서 문제가 해결되는 것은 아니기 때문이다. 비난과 맞비난은 오히려 소란을 만들고, 서로의 감정만 악화시킬 뿐, 현실적으로 긍정적인 결과를 만들지 못하게 된다.

일단 나에 대한 비난을 들었을 때는 우선 첫 번째 단계로 '정말 내가 잘못한 것이 있었나?'를 곰곰이 생각해보는 일이다. 이때 순간적인 감정에 의해 '도대체 내가 뭘 잘못했다고 그래?'라고 할 수도 있지만, 좀 더 깊이, 찬찬히 '상대방의 관점에서' 생각해봐야 한다. 중요한 점은 '내가 무언가 상대방을 자극했다는 사실'은 인정해야만 한다. 나의 행동과 말이 옳고 그름을 떠나서 일단 '상대방에 대한 자극'이라는 부분에 대해서는 인정하고 시작해야 한다는 이야기다. 이렇게 하면 내가 어떤 면에서 상대방을 자극하는 실수를 했는지 드러나게 되고 그것을 겸허하게 받아들이면 된다. 그런데 아무리 생각해봐도 뭔가 좀 부당하고 억울하다는 생각이 든다면 그때 조용히 상대방과 합리적인 비판의 자세, 즉 함께 문제를 해결하겠다는 의지를 보이면서 소통을 하면 된다. 감정적인 대립을 피하고 받아들일 것은 받아들이고, 소통할 것은 소통하는 방식. 이것이 타인의 비난에 대처하는 첫 번째 중요한 방법이라고 할 수 있다.

나를 비난하는 자에 대한 측은지심

하지만 노력을 했음에도 불구하고 문제가 해결되는 만족할 만한 결과가 나오지 않는다고 실망할 필요는 없다. 아무리 생각해도 내가 억울하고 그것이 풀리지 않는다면 자체적으로 그 비난의 문제를 해결할 수도 있다. 즉, '나를 판단할 수 있는 사람은 아무도 없으며, 설사 누군가가 나를 판단하더라도, 그것은 그 사람의 생각일 뿐이다'라는 자세를 가지면 된다. 이렇게 하면 타인의 비난에서 조금 자유로워질 수 있고 나 스스로 중심을 잡아가겠다는 의지를 다지게 된다. 그리고 이것을 자기 발전과 성장의 계기로 만들어보자. '아무도 나를 함부로 판단할 수 없어'라는 것을 더 넘어서서 '아무도 나를 함부로 판단할 수 없을 정도로 더 훌륭한 사람이 되겠어!'라는 의지를 다지는 것이다. 실제로 어려서 왕따를 당하거나 사회생활에 잘 적응하지 못했던 사람이 고군분투하면서 오히려 그것을 자기 발전의 계기로 삼아 성공에 이르는 일은 매우 흔하다.

마지막으로 '도대체 그는 나를 왜 비난했을까?'라는 근원적인 질문을 던져보는 것도 도움이 된다. 앞에서 비난을 많이 하는 사람은 열등감에 시달리거나 자신의 삶에 만족하지 못하는 사람일 수도 있다는 이야기를 했다. 따라서 그가 하는 비난의 내용, 내가 했던 행동과 말을 서로 매칭시켜 생각하다 보면 자연스럽게 그 사람의 열등감, 불만족을 이해할 수 있게 된다. 이런 경우라면 오히려 상대방에 대한 측은지심이 생겨난다. 그러면 '아~ 이래서 그 사람이 나를 비난했구나!'라는 점을 이해하게 된다. 그러면 '참, 그 사람도 안쓰러운 사람이구나'라는 생각에 이르게 된다. 이 상태라면 이제 비난에 따른 모멸감을 느끼거나 나의 자존심이 상하는 일을 다소 줄어들 수 있을 것이다. 또 비난에 대처하는 자신만의 방법을 가지는 것도 좋다. 예를 들면 '그럴 수도 있지'라는 흔쾌한 마음을 가지거나, '어차피 모든 사람이 다 나를 좋아할 수는 없어'라고 생각하는 방식이다. 또 '일방적으로 타인에 의해 내가 열등감을 가질 필요는 없지 않아?'라는 식으로 대처할 수 있다.

▶ 누군가가 나를 비난했다며 맞대응하고 싶은 생각이 강해진다. 그러나 '문제 해결의 차원'에서 본다면 그런 행동은 별로 의미가 없고, 오히려 더 부정적인 결과만 증폭시킨다.

▶ 차라리 감정을 배제한 채 합리적인 소통을 해보고, 그것이 안 되더라도 실망할 필요는 없다. 상대방의 입장에서 생각해보면 그 비난의 이유를 조금은 이해할 수 있다.

▶ 다만 이런 비난과 모멸감을 이겨나가게 되면, 오히려 자기 성장의 계기로 삼을 수도 있다.

관계의 습관을 바꾸는
'174 프로젝트'

결국, 관계도 습관에 의해 좌우된다. 평소에 내가 어떤 인간관계의 습관을 지니고 있느냐가 많은 것을 좌우한다. 사람을 대하는 자신의 사소한 행동을 관찰하고 바꿔야 할 점을 적어보자. 그리고 이를 매일 조금씩 변화시켜 나간다면, 새로운 관계의 습관이 생기면서, 관계의 질이 달라질 수 있다. 여기에는 <행복습관 형성을 위한 174 프로젝트>가 도움이 된다.

1. 하루 1가지의 행동을 바꾸기 위한 프로젝트.
2. 이 1가지 행동을 7일 동안 꾸준하게 실천하는 프로젝트.
3. 7일간 실천한 것을 다시 4주간 반복하는 습관 형성 프로젝트.

습관이란 오랜 시간에 의해 형성된 것이다. 따라서 단기간에 바뀌지 않는다. 하루에 조금씩, 그것을 일주일 동안, 다시 한 달 동안 반복하게 되면 훨씬 효과적으로 자신의 습관을 바꿀 수 있다.

잘못은
'스스로' 깨닫게 해야 한다

    사실 엄밀하게 따지면 상대에게 '한마디' 해주고 싶은 마음이 들거나, 혹은 비난하려는 생각이 드는 것은 선한 의도의 발로일 수가 있다. 계속 상대방을 그렇게 방치했다가는 그도 망가지고, 나의 마음도 힘드니 어떻게 해서든지 조언을 해주어서 바르게 잡고 싶기 때문이다. 그리고 내 생각은 '당연히' 옳으니 상대방은 그 말을 들어야만 한다. 공부하지 않는 자녀를 야단치는 것도 자녀를 생각하는 부모의 선한 마음 때문이며, 지각하거나 게을러 보이는 부하를 야단치는 것도 부하와 우리 팀이 잘 되기를 바라는 상사의 선한 마음 때문이다. 하지만 우리는 여기에서 근본적인 전제부터 한번 따져봐야 한다. '과연 내가 조언을 한다고 상대방이 잘못을 깨닫거나 혹은 그 행동을 바꿀 수 있을까?'라는 의문이다. 아마도 이렇게 누군가가 조언을 해서 상대방이 변할 수 있다면, 이 세상의 많은 문제가 사라질 것이다. 누군가 잘못해도 옆에서 조금만 조언을 해준다면 문제는 더 이상 생기지 않을 것이기 때문이다. 하지만 상대방은 생각보다 말을 듣지 않고 아무리 옳은 이야기를 해도 받아들이려고 하지 않는다. 인간관계의 문제는 바로 여기에서 시작되고 있다.

상대방은 자신의 잘못을 모르고 있다

'내가 조언을 하면 상대방이 나쁜 행동을 바꿀 것이다'라는 생각은 어떤 의미에서 참으로 순진한 것이기도 하다. 나의 말에 다른 모두가 동의해도, 그리고 아무리 정당성을 가지고 있어도 상대방은 그 말을 쉽게 받아들이지 않는 경우가 숱하기 때문이다. 그 이유는 의외로 간단하다. 자신은 정말로 잘못했다고 생각하지 않을 뿐만 아니라 타인에게 주는 피해에 무감각하기 때문이다. 예를 들어 매일 지각하는 부하가 있다고 해보자. 상사가 보기에는 정말로 나쁜 습관이지만, 정작 부하는 '사람이 살다 보면 지각할 수도 있지 뭐'라고 생각하고, '내 잘못이 아니라 버스가 많이 막혔어'라며 원인을 다른 곳으로 돌릴 수 있다. 당연히 그는 지각에 대해 지적하는 상사의 말을 한 귀로 듣고 한 귀로 흘릴 뿐이다. 이런 사람에게는 아무리 조언을 해도 변화하는 것이 쉽지 않다. 따라서 이런 상대방에게 스스로 잘못을 깨닫게 하기 위해서는 우선 첫 번째로 관점을 바꾸어야 한다. 예를 들어 '당신의 그 행동이 나를 불편한 상태로 만들고, 다른 사람에게도 피해를 준다'로 접근해야 한다. 이를 흔히 '아이 메시지(I message)'라고 말한다. 즉, 부하인 당신이 지각해서 상사인 '나'의 마음이 불편하고, 또 다른 사람은 힘들게 정시에 잘 출근하는데, 당신만 지각하면 '나' 역시 그 잘못을 지적하지 않을 수 없다는 점을 우선 어필해야 한다. 관점 자체는 '부하의 잘못'이 아닌 '나의 불편함과 정당성'으로 일단 바꾼다. 그리고 지각을 한다는 사실 자체가 남들에게 피해를 끼치는 행동임을 분명하게 말해야 한다. 사실 한 회사에서 일하는 동료가 자꾸 지각하면 이는 다른 사람에게도 영향을 미친다. 뭔가 제시간에 의사소통하고 싶어도 할 수가 없으니 일의 진행이 늦어질 수도 있기 때문이다. 따라서 만약 정상적이고 합리적인 소통이 가능한 사람이라면 이러한 '아이 메시지'를 통해서 자신이 상사를 불편하게 하고 동료에게 피해를 주고 있음을 깨닫게 된다. 그리고 당연히 그것을 고쳐야겠다는 생각을 할 수밖에 없다. 이러한 과정이 곧 자신의 잘못을 스스로 깨닫는 과정이라고 할 수 있다.

두 번째로 상대가 스스로 잘못을 깨닫게 하는 데 있어서 가장 좋지 않은 방법의 하나가 바로 '지적질'이다. 일반적으로 '지적'이라는 말이 있음에도 불구하고 사람들이 '지적질'이라는 말을 따로 만들어서 쓰는 것은 둘 사이에 분명한 차이가 있기 때문이다. 일반적인 지적은 상대방의 잘못을 순수하게 지적해주는 것을 의미하며 여기에는 감정이 크게 개입되지 않는다. 그런데 '지적질'은 지적을 하면서 상대방에 대한 감정이 수반되고, 대안을 함께 생각하지 않은 채 그저 잘못만을 나열하는 일이다.

돈을 계획적으로 쓰지 않는 배우자의 잘못을 깨닫게 하는 것은 자신의 불만만 표출하는 '지적질'로만은 해결되지 않는다. 이렇게 하면 남편은 오히려 자신의 정당성을 말하며 불만을 토로할 수밖에 없다. 이럴 때는 문제의 해결에 관한 키를 상대방에 넘겨주어야 한다. 객관적인 사실을 말한 뒤에 감정을 섞지 말고, 상대가 스스로 대안을 마련하도록 해주는 것이다.

"여보, 이번 달에도 마이너스 100만 원인데, 이걸 우리 어떻게 해결하면 좋을까?"

문제 해결의 키를 상대에게 질문하는 법

이렇게 말하면 상대방도 해결의 방법을 생각할 수 있고, 자신의

관계의 승리자들

소비습관이 어떻게 잘못됐는지를 스스로 깨달을 수가 있다. 자녀가, 혹은 부하가 잘못했을 때도 방법은 똑같다. '이 문제를 해결하기 위해서는 어떻게 해야 할까?'라고 질문하면 된다. 그리고 여기에 '나는 내가 할 수 있는 한에서는 이렇게 할 수 있어'라는 메시지를 주면 더욱 좋다. 내가 할 수 있는 대안과 상대방의 대안을 합치면 상당수 문제의 해법을 알 수 있다. 또 지적이 지적질이 되지 않기 위해서는 객관적인 상황만 제시하는 것이 좋다. 그러니까 '객관적인 상황+나의 감정'이 동시에 전달되지 않도록 해야 한다는 점이다.

"이번 달도 생활비가 마이너스 100만 원이야"라고 말하는 것과 "이번 달도 짜증 나게 마이너스 100만 원이야. 어떻게 하려고 그래?"라고 말하는 것은 확연하게 다른 반응을 끌어낸다. 상대방은 '짜증 나게'라는 말만 들어도 자신에 대한 공격으로 받아들이고, 함께 짜증이 난다. "너는 왜 또 이번에도 바보같이 수학이 50점이야?"와 같은 말도 '바보같이'라는 말을 통해 감정이 전달된다. 객관적인 상황을 제시할 때 자신의 감정을 빼야만 상대방은 스스로 잘못을 깨닫는 것에 더 빠르게 다가갈 수가 있다.

또 조언할 때 가장 중요한 것 중의 하나는 바로 서로 간의 '신뢰'의 문제이다. 이것은 '누가 말하는가?'의 문제이다. 똑같은 말을 해도 평소에 신뢰가 없는 사람이 하는 말과 반대로 전적으로 신뢰하는 사람이 하는 말은 다르게 받아들여 진다.

한 지인은 중학생 자녀를 강연에 많이 데리고 다닌다. 아이에게 세상의 지혜를 많이 주려고 하는 어머님의 정성이 참 훌륭해 보였다. 그런데 정작 지인은 그 일 자체를 다소 귀찮아하는 듯했다. 그래서 "어머님이 좋아서 아이를 데리고 강연에 가시는 것 아니에요?"라고 물어봤다. 하지만 그녀는 고개를 절레절레 흔들며 이렇게 대답했다.

"아이가 내가 말 하면 안 들어요. 그래서 할 수 없이 강연에 데리고 다니면 강사님들의 말은 들으니까 그렇게라도 하는 거죠."

사실 그 어머니는 강연의 내용 자체에 아주 몰입하거나 열정적인 모습을 보이지는 않는다. 애초에 강연이 필요한 사람은 자신이 아니라 자녀이기 때문이다.

신뢰의 문제는 이렇게 나타난다. 즉, 상대방의 잘못을 깨닫게 하려는 '조언의 내용'은 동일해도, 그것을 말하는 사람에 따라 차이가 난다. 따라서 상대방의 잘못을 스스로 깨닫게 하려면 지금부터라도 신뢰를 쌓아야 한다. 내가 아무리 '옳은 말'을 해도 나에 대한 신뢰가 떨어진 사람은 내 말을 듣지 않을 가능성이 크고, 따라서 자신의 잘못을 깨달을 가능성이 작아진다는 사실을 명심해야 한다.

나의 '올바른 조언'이 무조건 상대방에게 수용될 것이라는 생각을 버려야 한다. 지금부터라도 해결방법을 상대방에게 질문하고, 감정을 섞지 않은 질문을 통해 상대가 스스로 잘못을 깨달을 수 있도록 해주어야 한다.

▶ 우선 내가 조언이나 지적을 해도 상대방이 듣지 않을 가능성이 매우 크다는 사실을 전제해야 한다. 거기다가 설상가상으로 상대방은 자신이 잘못하고 있다는 사실 자체를 인정하지 않을 가능성도 크다.

▶ 따라서 '아이(I) 메시지'를 중심으로 상대방에게 이야기하고, 상대방의 행동이 타인에게 피해를 주고 있음을 명확하게 말해 주어야 한다.

▶ 감정을 섞는 '지적질'을 하지 말고, 객관적 사실을 말하는 '지적'을 해야 하며, 평소에 신뢰를 쌓아서 조언과 충고에 잘 따를 수 있도록 해야 한다.

상대방을
내 편으로 만들 수 있을까?

살면서 '내 편'이 있다면 참 좋은 일일 것이다. 가장 친근한 배우자나 자녀가 내 편이 될 수 있지만, 이러한 관계가 확장되어 사회생활에서도 내 편이 있으면 당연히 도움이 될 수 있다. 이를 위해서는 몇 가지 조건이 필요하다.

▶ **매력성 : 나는 과연 상대에게 매력 있나?**

→ 매력적이지 않은 사람을 '내 편'으로 만들고 싶어 하는 사람은 없다.

▶ **상호성 : 자극에 반응을 잘하는가?**

→ 상대의 말에 잘 반응하고, 순발력 있게 대처하면 친근함이 느껴지고 마음이 편해진다.

▶ 접근성 : 친근하게 다가설 수 있는가?

→ 지나치게 권위적이거나 딱딱해 보이면 '내 편'을 만들기 이전에 접근 자체가 힘들어진다.

▶ 개방성 : 나부터 긍정적으로 열려있는가?

→ 나부터 많은 이를 받아들일 수 있는 개방성이 있어야 상대방도 그 열린 문으로 들어올 수 있다.

소위 '능력자'가 많은 이를
적으로 만드는 이유

이 책의 앞부분에서 낮은 자존감과 열등감이 관계에 있어 적지 않은 문제를 발생시키는 근원적인 토대라고 했다. 그렇다면 정반 대로 우월감은 어떨까? 열등감이 문제이니 우월감은 문제가 되지 않는 것일까? 그렇지 않다. 사실 지나친 우월감은 열등감만큼이나 문제가 많은 감정이다. 열등감이 과도하게 자신을 비하하는 감정 이라면, 우월감은 과도하게 자신을 존중하는 감정이다. 이 역시 평 균을 벗어나 있으면 반드시 문제를 발생시킨다. 자신의 우월함을 자주 드러내는 사람은 주변으로부터 '능력자'라는 이야기를 들을 가능성이 크다. 그러나 이상하게도 그들 주변에서는 사람들이 자 꾸 멀어지는 경우가 있다. 자신을 우월하다고 여기다 보니 늘 자신이 주인공이 되어야 하고, 자신이 앞장서야 한다고 여긴다. 그렇게 되면 타인의 의견을 무시하는 경우가 종종 생기고, 결국 주변과 원활한 관계를 맺지 못하게 된다.

열등감을 숨기는 우월감

심리학이나 정신의학 전문가들은 우월감의 내면에는 열등감이 숨어 있다고 말한다. 그들은 매사에 자신만만하고 거만해 보이지만, 실제로 그들이 우월해서가 아니라 열등감에서 벗어나기 위한 것이라고 본다. 열등감이라는 감정은 계속해서 자신을 의기소침하게 만들고, 초라하게 만든다. 그러나 어떤 사람의 경우 도저히 이 열등감을 견딜 수 없으니 아예 정반대의 성향, 우월감으로 폭주를 하고 만다. 이렇게 되면 자신의 열등감을 감출 수 있으며, 일시적이나마 타인에게 존경과 사랑을 받을 수 있다. 이렇게 되면 열등감의 존재가 사라진 것처럼 보여서 스스로 행복해질 수가 있다. 그러나 그것은 겉으로 드러난 일시적인 현상일 뿐, 스스로 노력하지 않는 한, 마음속에 감춰진 근원적인 열등감이 사라지지 않는다.

가끔 사회적으로 큰 이슈가 되는 '갑질'이라는 것 역시 이러한 빗나간 우월감에서 시작되는 경우가 많다. 평상시에는 아무렇지 않게 포장되고, 유지됐던 우월감이 사소한 계기로 무너지면서 갑작스럽게 분노로 폭발하는 것이 바로 갑질이다. 이렇게 본다면 사실 이러한 우월감은 '우월 콤플렉스'라고 보는 것이 좀 더 정확할 수가 있다. 문제는 이런 사람들이 인간관계를 잘 해내기가 쉽지 않다는 점이다. 일단 이런 사람들은 자신의 근거 없는 자신감과 우월한 분위기를 받아들이지 않는 사람하고는 쉽게 관계를 맺지 못한다. 자신이 뭔가를 자랑해도 그것을 칭송하고 부러워하는 눈길을 보내는 사람하고만 친해질 수밖에 없다. 만약 그것을 온전히 인정해주지 않는 사람이 있으면 스스로 거리를 두려고 한다. 자신의 기만적인 우월의식이 먹히지 않기 때문에 그 스스로 심리적인 불편함을 느낄 수밖에 없다. 또한, 이런 사람은 불안한 내면을 가지고 있을 가능성이 크다. 그들은 자신이 느끼는 우월의식이 탄탄하지 못하다는 사실을 잘 알고 있다. 상당수가 과장에 의해서 만들어져 왔으며, 그것에 객관적인 신빙성이 부족하다는 인식을 하고 있다. 그러다 보니 혹시 그것이 탄로 날까 봐 불안한 상태가 된다. 더불어 그들은 타인을 조롱함으로써 자신의 우월감을 지켜나가려고 하는 경향도 강하다. 계속 이런 상태를 유지해야만 무너지지 않기 때문이다. 그래서 혹시나 자신을 비난하는 사람이 있다면 지나치게 과도하게 화를 내고, 심지어 언쟁을 벌이고, 폭력을 휘두르기도 한다. 특히 이런 사람들은 타인에 대해 세세한 배려를 하기가 힘들다.

그들에게 타인의 의미는 자신을 떠받들어야 하는 존재들이기 때문이다. 그러니 굳이 그들을 배려하지도 않고, 그런 마음도 들지 않는다. 이런 상태에서는 좋은 인간관계를 맺기는 무척 힘들다. 내면이 불안정하고 늘 타인을 조롱하는 사람을 진정성 있게 받아들여 주는 사람은 그리 많지 않기 때문이다.

또 심리학에는 '불행 자랑'이라는 매우 독특한 우월 콤플렉스도 있다. 이는 자신의 열등감 자체를 마치 하나의 자랑거리로 만들어 자신이 '특별한 사람'이 되었음을 주변에 알리는 일이다. 예를 들어 성장 과정에서 받은 상처를 매우 과장되게 말하면서 '너는 나를 이해 못 해'라고 하거나, 혹은 실연을 당했을 때, 원하는 것에 도전하다가 실패했을 때도 이 불행을 과도하게 포장해서 이것으로 타인과 자신을 차별화한다. 그들은 '나는 불행해'라는 것을 매우 강조함으로써 듣는 이로 하여금 동정심을 갖게 하고, 관심을 받으려고 한다. 그리고 이런 식으로라도 타인의 관심을 받는 순간, 그들의 '불행 자랑'은 목적을 달성한다.

부족한 것을 겸허히 받아들이는 자세

히지만 지신이 다소 우월하다고 생각한다고 해서 무조건 우월 콤플렉스는 아니다. 평균적이고 합리적인 사람 역시 자신에 대해서 다소 우월하다는 판단을 하곤 한다. 미국 심리학자 셰리 테일러(Shelley Taylo)는 이를 '현실에 대한 긍정적인 여과 장치'라고 부른다. 즉, 자신을 조금 높게 평가함으로써 미래에 대한 낙관적인 자세를 유지하고, 긍정적인 미래에 대한 기대감을 가지게 된다는 이야기다. 이러한 우월감은 현실에 도움을 줄 수 있고 건강한 자아를 가질 수 있는 하나의 방법이 될 수가 있다.

그렇다면 이러한 긍정적인 우월감과 우월 콤플렉스는 어떤 차이가 있을까?

이것은 우월감의 근원이 어디에서 오느냐는 점이고, 또한 그것이 얼마나 탄탄한지가 결정한다. 우월 콤플렉스는 항상 타인과의 비교에서 자신의 우월성을 주장한다. 그래서 자신보다 조금 더 잘난 사람이 있으면 내적으로 흔들리고, 누군가 자신이 가진 우월감의 허구를 지적하면 분노하게 된다.하지만 긍정적인 우월감을 가진 사람은 타인과의 비교보다 자기 자신의 기준에 의해서 우월감을 느낀다. 자신이 정했던 목표를 성취했거나, 자신이 이상적으로 그리는 현실을 살아갈 수 있을 때 우월감을 느낀다. 비록 자신보다 우월한 사람을 만나도 특별히 위축되지 않는다. 그는 자신만의 우월감 속에서 매우 만족스러움을 느끼기 때문이다. 더구나 타인을 조롱할 필요도 없으며, 자신이 스스로 목표를 이뤄왔던 과정이 얼마나 소중한지를 알기에, 타인의 도전, 열정에 찬사를 보내며 혹은 실패를 했더라도 그것을 조롱하지 않고 용기를 북돋워 준다.

혹시 나는 우월 콤플렉스를 가지고 있지 않은지 반성해볼 필요가 있다. 자신의 언행에서 타인을 자주 조롱하는지, 누군가와 비교하면서 불안한지, 혹은 특정 열등감이 해소되지 못한 채 그것을 우월감으로 포장하려고 하는 것은 아닌지를 되돌아봐야 한다.

이를 위해서는 자신과 진실하게 마주하는 시간을 가질 필요가 있다. '주변 사람과 비교당하는 나'가 아닌, 오로지 진지하게 인생의 목표를 추구해나가는 자신에 대해 생각해보아야 한다. 그리고 그것을 받아들이고, 겸손하게 자신의 부족한 부분을 채워나가려는 시도를 시작해야 한다. 사람은 누구에게나 부족한 면이 있고, 또 그것을 채워나가는 것이 진짜 인생이라는 것, 점점 완성된 인격과 성장하는 나를 만들어 가는 과정이 곧 삶의 성취감이자 행복이라는 사실을 받아들일 필요가 있다. 이렇게 겸허하게 스스로를 낮출 수 있고 목표를 향해 한 발 한 발 나아갈 수 있을 때 자신의 열등감과 우월 콤플렉스가 치유되고, 내 주변에 있는 사람이 나에게 얼마나 고마운 사람인지, 그리고 그들을 조롱하면서 잘난 척했던 자신이 얼마나 주변 사람에게 큰 상처를 주었는지를 깨달을 수 있게 된다.

▶ 과거의 오랜 열등감을 견디다 못해 오히려 정반대의 성향으로 변해버리는 것을 빗나간 우월감, 우월 콤플렉스라고 한다. 이를 가진 사람은 일시적으로는 '능력자'로 부러운 눈길을 받을 수는 있지만, 결국 내면에서는 그 열등감이 언제 드러날지 모르는 매우 불안한 상태가 된다.

▶ 불행 자랑은 자신의 열등의식을 부르는 불행한 사건을 오히려 더 과장되게 자랑해서 '남들과는 다른 특별한 존재'로 인식되려고 한다.

▶ 우월 콤플렉스, 불행 자랑에서 벗어나기 위해서는 남과 비교하지 않으면서 스스로 성장하려는 겸허함을 갖춰야 한다. 어제의 나를 뛰어넘고, 내 한계를 극복하는 데서 생기는 희열감이 우월 콤플렉스나 불행 자랑을 이길 수 있도록 도와줄 것이다.

혹시 나도 우월 콤플렉스?

다음의 체크리스트 중 6개에 해당할 때는 우월 콤플렉스가 존재할 가능성이 있다.

1. 감정적으로 화를 터뜨릴 때가 있다.

2. 다른 사람보다 큰 소리로 웃는다.

3. 독특한 의상을 입기도 한다.

4. 사람들이 모여 이야기를 나눌 때 자신이 화제의 중심이 되는 경우가 많다.

5. 상대에 따라서 고자세를 취할 때가 있다.

6. 상대를 무시하듯 시선을 돌린 적이 있다.

7. 상대의 말을 가로채 자기 이야기를 한 적이 있다.

8. 상대가 유명한 사람이라는 것을 알면 자신도 모르게 친절해진다.

9. 자기 자랑을 자주 한다.

10. 자신보다 지위가 낮은 사람에게 고압적인 태도로 지시하거나 명령하는 경우가 있다.

출처=시부야 쇼조, <상대의 속마음이 보이는 심리학>

상대를 '소중한 사람'으로 대할 때 생기는 변화

인간관계의 매우 중요한 특징 중의 하나는 그 관계의 질이 시간이 흐를수록 점점 퇴색되어 간다는 점이다. 물론 둘 사이에 계속해서 관계의 동력이 존재한다면 끊임없이 발전할 수 있겠지만, 만약 이런 동력이 없다면 자연스럽게 멀어지게 된다. 또 처음에는 '새 친구'를 사귀어 너무나 좋겠지만, 시간이 흐를수록 그 관계는 '당연한' 것이 되어 관심이 떨어진다. 남녀의 관계도, 부부관계도, 부하와 상사의 관계도 사실은 비슷하다. 처음에는 무척 관심도 많고, 잘 대해주고, 상대가 무엇을 좋아하는지를 신경쓰지만 나중에는 처음만 못하게 된다. 그리고 상대의 부정적인 면이 계속해서 드러날 때, 결국 관계는 파국을 맞게 된다. 이러한 사태를 막기 위해서 가장 효

율적인 방법의 하나는 바로 상대방을 '소중한 사람'으로 대하는 것이다. 이것은 사람의 본능의 영역에 속하는 것이기 때문에 생각보다 매우 강력한 힘을 발휘한다.

관계가 '당연한 것'이 될 때

독일 철학자 헤겔은 이런 말을 남겼다.

"인류 역사는 남들에게 인정받기 위한 투쟁의 역사다."

누구나 자신의 인생을 되돌이켜 보면 이 명언을 조금 이해할 수 있을 것이다. 학창시절에는 부모님과 선생님에게 인정받고 싶고, 또래의 친구들에게 인정받고 싶다. 회사에서는 상사와 사장님에게 인정받기 위해 열심히 일하게 된다. 어떻게 보면 우리의 인생은 이러한 타인의 인정을 둘러싼 거대한 투쟁의 과정이기도 하다. 이 말은 곧 타인으로부터의 인정이라는 것은 인간이 가지고 있는 가장 적극적인 본능이자, 강렬한 무의식이라는 의미이다. 그렇다면 여기에서 우리는 인간관계를 위한 매우 중요한 실마리를 찾을 수 있다. 사람은 누구나 인정받고 싶은 욕구를 가지고 있기에, 상대방의 인정 욕구를 충분히 받아들인다면 둘은 매우 좋은 사이가 될 수 있다는 점이다. 만약 A라는 사람은 당신을 충분히 인정해주는 반면,

B는 가끔 툭툭 무시하는 말을 한다면 당신은 어떻겠는가? 이 둘 중에서 B와 더 친해지고 싶은 사람은 아무도 없을 것이다.

우리는 이러한 인정에서 한 걸음 더 나아가 상대방을 '소중한 사람'으로 대해줄 필요가 있다. 누군가가 당신에게 인정하는 것을 넘어 '당신은 나의 소중한 사람이에요'라는 메시지를 던진다면, 아마도 할 수 있는 최선을 다해 그 사람을 도우려고 할 것이다. 그리고 이러한 도움을 받는 사람은 더욱 당신을 소중한 사람으로 생각하며, 존경을 아끼지 않을 것이다. 서로가 서로에게 소중한 사람이 된다는 것. 어쩌면 인간관계에서 만들어 낼 수 있는 최고 수위의 관계가 아닐 수 없다.

하지만 앞에서도 언급했듯, 처음에는 상대를 무척 소중하게 생각하지만, 시간이 흐를수록 둘의 관계는 매우 '당연한 것'이 된다. 그리고 우리는 당연한 것에 대해서는 그다지 많은 신경을 쓰고 싶어 하지를 않는다. 이미 내가 가진 것이고, 이미 나에게 있는 것이기에 그다지 특별해 보이지 않기 때문이다. 그러면서 서서히 상대에 대해 무관심해지고, 그럴수록 서로가 섭섭함을 느끼면서 관계는 소원해지게 마련이다.

상대방을 끊임없이 '소중한 사람'으로 여기기 위해서는 의식적인 노력이 필요하다. 인간은 늘 망각하는 존재이며, 따라서 의식적으로 이것을 일깨우지 않는 한, '당연한 사람'이 다시 '소중한 사람'

이 되기는 무척 어렵기 마련이다.

불편함에 대한 감수

첫 번째로 해야 할 것은 '상대방의 존재 자체를 감사해야 한다'라는 점이다. 지금 주변의 사람들을 한번 떠올려 보자. 한 사람 한 사람의 존재는 모두 당신에게 절실하게 필요한 사람이 아닐 수 없다. 크든 작든 서로에게 호감을 주었고 도움을 주고받았기에 바로 오늘의 관계가 형성되었을 것이다. 그러나 어느 순간부터는 그것을 잊어버리고 그 사람의 존재가 나에게 주는 감사함을 잊어버리게 된다. 따라서 늘 인간관계의 질을 높이기 위해서는 의식적으로 상대방을 떠올리면서 감사함을 느껴야만 한다. 이렇게 하기 위해서는 '상대방이 나에게 주는 이로움'을 계산해보는 것도 하나의 방법이다. 물론 사람과 사람의 관계가 계산적이기만 해서는 안 되겠지만, 계속해서 잊혀가는 상대방에 대한 감사를 떠올리기 위한 임시방편으로 이러한 계산은 분명히 도움이 된다. 그러나 이 이로움이 뭔가 대단한 것일 필요는 없다. 예를 들어 다음과 같은 사소한 것도 스스로 이롭다고 생각하면 이로운 것이다.

'내가 외로울 때 가끔이라도 전화를 해주니 얼마나 나에게 소중해?'

'다른 건 몰라도 삶의 태도가 비슷하니, 정말 내 인생의 소중한 동반자 같아'

'내가 힘들 때 내 마음을 편안하게 이야기할 수 있는 사람이니 정말 소중한 친구야'

이렇게 상대방이 나에게 주는 구체적인 도움을 열거하다 보면, 자연스럽게 상대방을 소중하게 생각하는 마음이 생길 수가 있다.

두 번째는 늘 상대방을 하나의 인격체로 존중해야 한다는 점이다. 서로 속속들이 잘 알게 되고 친하다는 느낌이 들면 상대방에 대한 존중의 태도를 잃어버리는 것이 일반적이다. 자꾸만 나의 관점을 강요하게 되고 그러다 보면 상대의 취향과 스타일, 상대방의 호불호를 무시하게 된다. 따라서 언제든 '상대방도 철저하게 개별적인 인격체'라는 생각을 하고 있다면 그를 존중하고자 하는 마음이 들게 된다.

마지막으로는 끊임없이 상대방의 관점과 입장에서 바라보는 훈련이 필요하다. 인간관계가 나빠지는 최대의 이유 중의 하나는 자신이 좀 더 편하고 싶은 '이기주의' 때문이기도 하다. 관계에는 분명히 불편함이 따르는 것도 사실이다. 취향도 다르고, 대화의 방식도 다르기 때문이다. 서로가 맞춰주려는 노력을 함께 하면 최선이겠지만, 자꾸만 내가 편해지려다 보니 더 이상 상대방을 맞춰주기가 힘들어진다. 이런 상태에서는 결국 갈등이 싹트게 된다. 따라서 결국에는 불편을 감수할 수 있어야 관계도 제대로 유지될 수 있다.

그런데 상대방을 인정한다거나, 혹은 소중하다는 메시지를 전할 때에 하나 특히 주의할 점이 있다. 그것은 칭찬을 과도하게 사용해서는 안 된다는 점이다. 우리나라에서 한때 '칭찬 신드롬'이 일어난 적이 있었다. 하지만 과도한 칭찬은 오히려 상대방을 부담스럽게 만든다는 부작용을 가지고 있다. 상대를 만날 때마다 칭찬하면, 상대방은 매번 부담을 느끼게 되면서 마음에서부터 꺼리게 될 수 있다.

사람은 자신의 소중한 것을 하찮게 대하지는 않는다. 다만 소중하지 않게 여기기 때문에 하찮게 대하는 것이다. 그러나 우리의 인간관계에서 모든 이들은 저마다의 소중함을 가지고 있고, 단지 우리는 그것을 그때그때 망각할 뿐이다. 앞으로도 오랜 세월, 내 주변에 좋은 사람을 두고 싶다면, 그 모든 이들이 '내 인생에 참으로 소중한 사람'이라고 생각할 필요가 있다.

▶ 사람은 누구나 끊임없이 타인에게 인정받고 싶어한다. 아마도 우리는 앞으로도 인정받기 위해 무수한 노력을 하게 될 것이다.

▶ 반대로 누군가를 인정하게 되고 소중히 여기면, 상대방은 자신의 인정 욕구가 만족하게 되고, 최대한 선의와 호의로 관계를 유지하려고 할 것이다. 이를 위해서는 관계를 '당연한 것'으로 여기지 말고 감사하는 마음을 가져야 한다.

▶ 상대를 그 자체로 감사해야 하고, 인격체로 존중하는 것, 그리고 내가 조금 더 불편을 감수하려는 마음을 가진다면, 상대방도 틀림없이 나를 그렇게 대하게 될 것이다.

미안하다는 말은
빠를수록 좋다

사람 사이의 관계는 '갑자기' 친해질 수는 있어도 '갑자기' 나빠지기는 쉽지 않다. 설사 상대방이 잘못한다고 하더라도 누구나 처음에는 '실수겠지'라고 생각하려는 경향이 강하다. 이것은 자신이 지켜왔던 믿음을 무너뜨리지 않기 위한 일종의 자기보호 장치이기도 하다. 하지만 실수가 잦아지면, 결국 오해가 뿌리 깊어지고 관계가 망가질 수 있다. 이러한 사태를 방지하기 위해서라도 "미안하다"라는 말은 빠르면 빠를수록 좋다. 관계가 지속하다 보면, 누구나 원치 않는 실수를 하기도 한다. 그러나 이때 사과하지 않고 넘어가게 되면 계속 그 골이 깊어지게 된다. 미안하다는 말을 해도, 이는 결코 자신이 못났음을 증명하는 것이 아니다. 혹시라도 생길 수 있는 문제를 예방하는 차원이라고 생각해야만 한다. 더 나아가 미안하다는 말은 둘의 관계가 상처를 입지 않도록 만들어주는 일종의 보호막 역할을 해준다. 혹시라도 자신이 잘못했다는 생각이 든다면, 서슴없이 미안하다고 밀을 건네주는 사람이야말로 진정 관계를 통해 자신의 행복을 가꿔갈 자격이 있는 사람일 것이다. 다만 사과를 자주 한다고 해서 건성으로 하거나, 혹은 형식적인 말투로 해서는 안 된다는 점을 염두에 두어야 한다. 모든 사과에는 마음이 담겨야 하고, 그래야 상대방도 그 사과를 흔쾌히 받아들일 수 있다. 만약 그렇지 않을 경우, 사과는 오히려 역효과를 불러일으킬 수 있다. 오히려 자신을 무시한다는 느낌을 받을 수 있기 때문이다. 필요할 때에는 "미안해"라는 말을 서슴없이 할 수 있지만, 그때마다 반드시 진정성을 담아야만 한다.

상대방의 이해를 구할 수 있는 '좋은 사과'의 4단계

◆ 사실에 대한 인정 = 자신이 상대방의 마음에 상처를 줬다는 점을 인정하고, 용납할 수 없는 행위였음을 알려야 한다. 이때 애매하게 얼버무려서는 안 되고 확실하게 표현을 해야 한다. 또 "이유야 어찌됐든 사과한다"라는 방법은 최악의 사과법이다.

◆ 합리화는 절대 금지 = 자신이 잘못한 구체적인 이유와 경위를 알려야 한다. 이때 중요한 것은 절대로 자신을 '합리화'해서는 안 된다는 점이다. 예를 들어 "야근 때문에 신경이 예민해져 뱉은 말이지만, 절대 해서는 안 되는 말이었어. 내가 잘못했어"처럼 이유와 경위는 설명하지만, 변명을 해서는 안 된다.

◆ 후회의 감정 전달 = 자신의 언행이 잘못됐다는 사실을 알고 부끄럽고 후회하는 심정을 알려주어야 한다. 하지만 이때 "당신이 그 문제에 대해 그렇게 예민할지 몰랐어"와 같은 말을 해서는 안 된다. 잘못에 대한 자신의 후회가 담겨 있지 않을뿐더러 문제의 원인을 오히려 상대방의 예민함으로 돌려서 공격하는 느낌을 주게 된다.

◆ 재발 방지에 대한 약속 = 상대방의 고통을 충분히 인정하고, 앞으로는 절대 같은 상황을 만들지 않을 것이라는 사실을 반드시 약속해야만 한다.

출처= 이용재, '제대로 사과하는 방법', 코메디닷컴

PART 3

성장과 배려,
서로에게 의미 있는 꽃이 되기 위해

성장에는 반드시 고통이 따른다. 그것을 딛고 일어설 때 우리는 도약이라는 위대한 계기를 맞을 수 있다. 인간관계에서도 도약의 단계가 있다. 일상에서 생길 수 있는 관계의 애매하고 복잡한 문제를 극복할 때, 우리는 관계에서 한 단계 더 성숙해질 수 있다. 또 상대의 부탁에 거절을 잘하지 못하는 문제, 혹은 내가 손해 보고 있다는 생각은 미묘하지만 관계를 불편하게 하는 요소가 된다. 더불어 배려를 한다고 해도 구체적으로 어떻게 배려할 것인가의 문제에 대해서는 막연한 경우도 있다. 이번 장에서는 관계에서의 문제가 어떻게 성장의 도약대가 되는지, 그리고 마지막으로 인간관계를 '동기부여'의 관점으로 보면서 서로가 어떻게 함께 성장할 수 있는지를 알아보자.

유연하고 세련된
거절의 방법

　우리는 남에게 도움을 받지 않으면서 살 수가 없다. 아무리 독립적인 사람이라고 해도 여기에서 완전히 자유롭지는 못하다. 그러다 보니 인간관계 내에서는 끊임없이 서로 도움을 주고받게 된다. 문제는 어느 순간부터 타인이 과도한 부탁을 할 때부터이다. 적절한 이유를 들어서 거절을 하면 되겠지만, 이게 말처럼 쉽지가 않다. 거기다가 자신이 어떤 의미에서든 거짓말을 한다고 생각하면, 역시 마음이 불편한 일이다. 지난 2018년 국내의 한 언론사가 설문조사 플랫폼을 활용, 전국 성인 남녀 1,036명을 대상으로 '거절'을 주제로 다양한 내용을 질문했다. 그중 전체 응답자의 72%가 '거절을 하는 데에 어려움이 있다'고 말했다. 특히 '가장 거절하기 어려운 상황'에 관해 물었을 때 57%가 '가족, 또는 친구가 부탁할 때', 23%가 '직장 상사가 부탁할 때'라고 답했다. 우리의 일상에서 가장 가까운 사람인 가족-친구-상사와 이런 문제를 겪는다는 점은 이 문제가 얼마나 해결하기 어려운 것인지를 잘 보여주고 있다.

우리가 알아야 할 것은 '거절의 기술'이 아니다

거절이라는 주제에서 중요한 점은 거절 그 자체가 아니다. 거절 후에 느끼게 되는 다양하고 복잡한 우리의 감정이 더욱 큰 문제이며, 타인이 언젠가 또 다른 부탁을 할 수도 있다는 이유때문에 상대를 기피하게 된다는 점이다. 만약 우리가 거절에 관한 제대로 된 자세를 갖지 않으면, 우리는 어쩌면 평생 이 거절이라는 주제에 대해서 매우 불편한 상황에 처할지도 모른다.

우선 사람은 거절하는 일을 매우 어렵게 생각한다. 이는 '소외에 대한 두려움'에서 비롯된다. 내가 누군가의 부탁을 거절했으니, 이제 타인도 나의 부탁을 손쉽게 거절할 수 있다고 여긴다. 따라서 내가 소외당하지 않기 위해서라도 타인의 부탁을 잘 거절하기 힘든 상태가 된다. 그 다음으로는 타인의 비난이다. 예를 들어 거절했을 때 "쟤는 너무 이기적이야", "저 시람은 친구가 사람이 어려움에 처해서 부탁해도 눈 하나 깜빡하질 않아"라는 등의 말이 들리면 이것을 아무렇지도 않게 받아들이기는 쉽지 않다. 또 상대의 부탁을 거절했을 때 드는 미안한 마음도 우리를 괴롭히는 심리적 요소 중의 하나이다. 하지만 거절하지 못하고 늘 상대의 부탁을 들어주어도 역시 마음에서는 복잡한 생각이 요동친다. 주변에서는 '거절하지 않는 나'를 좋아하더라도, 오히려 나는 더 고독해지는 경우가 많고, '내가 왜 이런 것까지 해야 하지?'라는 생각에 시간과 노력이 무척 아깝게 느껴지기도 한다.

이렇게 거절이 힘들어서 '거절의 기술'을 주제로 하는 책이 나와 인기를 얻기도 하고 구체적으로 어떻게 거절하는지도 알려준다. 사실 거절을 하기 제일 좋은 방법은 적당한 핑곗거리를 만드는 일이다. 몸이 안 좋다거나, 돈이 없다거나, 그날 마침 다른 일이 있다거나 하는 등의 이유는 얼마든지 만들어 낼 수 있다. 당장 거절하기 힘들면, '좀 생각해볼게'라고 시간의 거리를 두고, 적당한 핑곗거리를 만들어 말할 수 있다. 그러나 중요한 점은 이렇게 거절하기 힘들어 핑계를 만들면 본인이 생각하기에도 이는 진정성 있는 관계가 아니게 된다. 이렇게 되면 서로 필요할 때만 주고받는 사이가 되거나, 상대에게서 유리한 것만 이용하려는 얄팍한 관계가 된다. 이런 인간관계도 수많은 관계 중의 하나겠지만, 자신의 삶에 도움이 되고, 좀 더 풍요롭고, 서로 마음을 주고받는 진정한 관계로 만들어 가기는 힘들다. 만약에 주변에 이런 관계만이 가득하다면, 늘 공허감에 시달리고 외로움에서 벗어나기 힘들 것이다.

따라서 우리에게 필요한 거절의 기술은 '어떻게 하면 적절한 핑계를 만들어서 거절할 수 있을까?'에 관한 것이 아니라, 거절 그 자체에 관한 태도와 자세를 올바르게 갖는 일이다. 관계에서의 거절이 구체적으로 어떤 의미가 있는지, 그리고 우리가 이를 어떻게 대할지가 핵심이다. 이런 부분에 대한 태도를 정립하지 못한 채 '거절의 기술'만 배운다면, 이는 오히려 얄팍한 관계를 부추기는 것이라고도 할 수 있다.

상대방과 다시 편안한 관계가 되기 위해

사실 거절은 인간관계를 더 깊게 만들 수 있는 매우 중요한 계기가 되고, 또 '나와 진실한 관계를 맺는 사람은 누구인가?'를 깨달을 수 있는 소중한 과정이기도 하다. 예를 들어 내가 무엇인가 상대의 무리한 부탁을 거절했다고 해서 관계가 멀어진다고 해보자. 그렇다면 과연 그것이 진정한 관계였을까? 우리의 인간관계는 누군가에게 부탁하는 것을 전제로 맺어지지는 않는다. 관계를 맺어나가다 보니 부탁할 일이 생기는 것일 뿐이다. 즉, 주(主)는 '관계 그 자체'이고 종(從)이 '부탁'이다. 따라서 정말로 진실한 관계였다면 부탁을 거절한다고 해서 관계 그 자체가 방해받아서는 안 된다. 다소 섭섭할 수는 있어도, 그렇다고 관계 자체가 무너져서는 안 된다는 이야기다. 따라서 내가 무엇인가를 거절했다고 상대방과 거리가 멀어진다면, 애초에 그런 관계는 기타 다양한 이유로 언제든지 멀어질 수 있는 관계에 불과하다. 따라서 거절 때문에 굳이 관계가 멀어지리라 생각할 필요는 없고, 설사 그렇다고 하더라도 크게 개의할 필요가 없다. 다만 거절을 한 후라도 상대방에 관한 관심을 표명해주는 것은 예의라고 할 수 있다. "그때 그 일은 도와주지 못해 미안했지만, 잘 해결됐어?"라는 정도 한마디만 물어봐 주어도 상대방은 민망함을 덜 수 있고, 섭섭함을 줄일 수 있다.

더불어 제대로 된 거절을 하지 못하면 내 마음속에서 상대방과의 거리가 더 멀어질 수도 있다는 사실을 알아야만 한다. 억지로 상대의 부탁을 계속해서 들어줄 경우, 내 마음속에서는 상대방에 대한 불편함이 계속해서 쌓이게 되고, 싫어하는 마음이 자라게 된다. 이런 상태를 벗어나기 위해서라도 거절이라는 것이 필요하다. 예를 들어 쇼핑하러 가자는 시어머니의 부탁을 계속해서 들어준다면 며느리는 어떤 마음이 들까? 그 후로는 시어머니의 전화번호만 떠도 짜증이 나고 스트레스를 받게 된다. 과거에는 그렇지 않았지만, 거절하지 못함으로써 어느덧 시어머니는 '귀찮은 존재'가 되어버린다. 그러나 몇 번의 거절을 통해서 다시 편안한 관계로 만들어 놓으면 시어머니의 전화번호만 보고 짜증 내는 일은 없어진다. 그리고 과거보다 훨씬 밝은 목소리로 전화를 받을 수 있다. 상대방을 나와 다시 편한 관계로 만드는 방법, 그것이 또한 거절이기도 하다.

하지만 무리한 부탁이라고 하더라도 무조건 거절하는 것이 능사는 아니다. 때로 가능한 선이라면 거절하지 않음으로서, 상대방에 대한 나의 진심을 드러내고 관계를 조금 더 진전시킬 수 있는 계기로 만들 수 있다. 예를 들어 "이번 부탁은 정말로 나로서는 힘든 일이지만, 그래도 최선을 다해 노력해 볼게"라는 말을 하게 되면 상대방도 나의 진심을 알게 되고, 또 부탁을 들어주는 정성과 희생도 깨달을 수 있다. 이런 계기는 둘 사이의 관계를 한층 진정성 있게 만들어 줄 수 있다.

부탁과 거절은 그것을 하는 사람이나 받는 사람이나 민감하게 잘 다루어야 하는 주제다. 어설픈 거짓말로, 혹은 핑계를 통해서 상황을 모면하기보다는, 거절이 관계에서 주는 의미에 집중해본다면, 이제 거절은 더는 힘든 일만은 아닐 수 있을 것이다.

▶ 상대방의 부탁을 거절하는 방법은 그리 어렵지 않다. 거짓말로도 얼마든지 핑계를 만들 수 있기 때문이다. 하지만 그런 방식으로 거절을 한다면, 나와 상대의 관계는 매우 공허한 관계임을 스스로 인정하는 꼴이다.

▶ 거절했다고 관계가 망쳐진다는 것은 바른 생각이 아니다. 우리는 부탁을 들어주기 위해 애초에 관계를 맺는 것은 아니다. 부탁을 거절했다고 망가질 관계라면 다른 이유로도 얼마든지 망가질 수 있다.

▶ 다소 무리하더라도 거절하지 않는 것도 방법이다. 힘들지만 내가 도와준다는 사실을 상대방에게 충분히 알릴 수 있다면, 상대방도 당신의 소중함을 깨달을 수 있는 계기가 될 수 있다.

의사소통의 기술,
이렇게 향상해보자

관계에서 매우 중요한 것이 바로 대화의 방법이다. 어떤 대화를 하느냐에 따라서 친밀감이 깊어지기도 하고 거리감이 생기기도 한다. 따라서 한 번쯤 자신의 대화 방법을 되돌아보는 일은 매우 중요하다. 수많은 대화의 기술이 있겠지만, 최소한 아래의 것들만 잘 지켜 보다 원활한 대화를 할 수 있다.

▶ 내 말에 상대방이 흥미를 느끼나?

→ 흥미롭지 않은 이야기를 길게 늘어놓는 것은 대화를 단절시키는 한 요인이 된다.

▶ 상대방에게 부정적 상황을 강조하지는 않는가?

→ 말에도 다양한 스펙트럼이 있다. 상대의 마음에 희망을 넘치게 하는 말도 있고, 반대로 낙담하게 하는 말도 있다. 상황을 너무 과장해서 상대방을 의미 없이 낙담하게 하는 일은 하지 말자.

▶ 나와 상대방의 관심이 어느 정도 일치하는가?

→ 서로 비슷한 관심과 세계관을 가질 때 좀 더 융화될 수 있다. 억지로 할 필요는 없지만, 너무 다른 관점이라면 아예 말하지 않는 편이 도움이 될 수도 있다. 예를 들면 정치적인 이야기가 대표적일 것이다.

▶ 나의 말이 상대방의 또 다른 반응을 유도할 수 있는가?

→ 대화는 결국 탁구와 같은 핑퐁게임이다. 나의 말이 상대방의 흥미를 어느 정도 유도하는지를 살펴보고 또 다른 궁금증, 호기심을 일으킬 수 있는 대화의 방법을 사용할 필요가 있다.

손해와 공평함에 대한 서로 다른 생각

사람은 대체로 이익보다 손해에 훨씬 더 민감하게 반응한다. 즉, 만원이라는 이익을 봤을 때의 행복감보다는 만원을 손해 봤을 때의 불쾌감이 훨씬 더 강하다는 이야기다. 그런데 사람과의 관계에서도 이익과 손해가 작동하기도 한다. 인간관계에서 무엇보다 우리를 참지 못하게 하는 것은 '내가 손해를 봤다'라는 느낌이다. "내가 더 많이 잘해 줬는데", "내가 더 좋아했는데"라는 생각은 손해의 아픔을 떠올리게 하고 인간관계를 방해하는 일임이 틀림없다. 우리가 살면서 평생 맺어야 할 긍정적인 인간관계를 위해서 이 '손해'에 대한 느낌을 한 번은 정리하고 가야 한다.

과연 '공평한 관계'라는 것이 있을까?

사람은 더 많은 이익을 얻는 것보다는 손해를 최소화하기 위한 방향으로 행동하곤 한다. 그래서 관계에 있어서 손해 본다는 느낌이 자꾸 들기 시작하면 처음에는 '섭섭하다'라는 정도의 생각이 들지만, 나중에는 '이건 너무 한 것 아니야?'라는 식으로 감정이 더 격앙된다. 그때부터는 관계가 뒤틀리기 시작하고, 감정이 더 악화한다. 특히 이때 가장 문제가 되는 감정이 바로 자존심이다. 나는 마땅히 어느 정도의 대접을 받아야 한다고 생각하지만, 계속 손해만 본다는 느낌이 들면 자존심까지 구겨지게 된다.

만약 자신이 '손해 본다는 느낌 때문에 인간관계가 어렵다'라는 생각이 든다면, 이제 그 정반대의 지점에 대해서 한번 생각해볼 필요가 있다. 만약 정반대로 내가 이익을 느낀다면 인간관계는 그리 어렵지 않을 것이다. 하지만 누군가가 이익을 얻는다는 것은 누군가는 손해를 본다는 의미이다. 따라서 상대방도 자신이 계속 손해 본다는 생각이 들면 마찬가지로 관계를 이어나갈 수 없다. 그러면 이에 대한 해법으로 이렇게 생각해볼 수도 있을 것이다.

'상대도 때로 이익과 손해를 보고, 나도 때로 이익과 손해를 보면 공평해지지 않을까?'

이 말 자체는 논리적으로 타당하지만, 안타까운 사실은 이 손해와 이익을 정확하게 판별하는 기준 자체가 없다는 점이다. 만약 서로 식사나 커피값을 두고 논한다면 차라리 쉬운 일이다. '이번에는 내가 내고, 다음에 네가 사라'고 하면 그나마 서로 공평함을 느낄 수 있다. 그런데 마음의 가격, 마음의 무게는 잴 수가 없다. 비록 상대가 매번 돈을 내지 않더라도 나를 사랑하는 마음, 위해주는 마음이 돈보다 훨씬 더 비싸다는 생각이 들면 얼마든지 받아들일 수 있다. 반대로 상대방이 매번 나를 위해 돈을 쓴다고 하더라도, 상대가 나를 별로 중요하게 생각하지도 않고 친구라고 여기지 않으면, 그가 쓰는 돈은 인간관계에서 나에게 아무런 도움도 되지 않는다.

결국, 우리는 인간관계에 있어서 '손해와 이익'에 관련한 기준이 큰 쓸모가 없으며, 유용하지도 않다는 사실을 알아야만 한다. 따지고 보면 인간관계의 목적이란 무엇인가? 우리는 누군가로부터 이익을 얻기 위해 인간관계를 맺지는 않는다. 또한 손해라는 것을 전제하고 서로 교류하지도 않는다. 그보다는 사람과 사람이 서로 소통하고 교류를 함으로써 얻어지는 만족감과 행복감, 바로 이것이 인간관계의 본질이기도 하다. 그리고 비록 단기적으로는 내가 뭔가 손해를 보아도, 이런 진정한 관계라면 오히려 이득이 되는 부분이 더 많을 수도 있다. 조선 시대의 거상이었던 임상옥은 "이익을 남기지 않고 사람을 남긴다"는 말을 했다. 그는 단기적으로 눈에 보이는 깃보다는 서로 이해하고 어려울 때 도움을 주고받을 수 있는 '진정한 관계'를 만들어 가고자 했다.

누군가의 희생이 있기에 나도 있다

더불어 지금까지 내가 무엇인가를 누릴 수 있는 이유는 바로 누군가의 손해에 의한 것일 수도 있다는 점도 생각할 필요가 있다. '부모의 희생'이라는 것도 본질적으로는 '부모의 손해'라고 해도 과언이 아니다. 다만 부모와 자식은 손해와 이익을 구체적으로 계산하기 힘들어서 그저 '희생'이라는 말로 표현할 뿐이다. 또 때로는 형제가 나를 위해 희생했을 수도 있고, 기억도 나지 않는 과거의 어떤 친구의 배려가 오늘의 나를 만들어 냈다고 볼 수 있다. 또 기대하지도 않았던 학창시절의 한 선생님이 보내주신 보살핌이 나의 인생을 긍정적으로 이끌어 주었을 수도 있다.

주변에 사업으로 성공한 한 사업가가 있었다. 어느 날부터 그는 열심히 봉사활동을 하기 시작했다. '돈도 이제 벌 만큼 벌었으니 남들에게 봉사할 여유가 생겼나 보나' 정도로 생각했다. 하지만 그에게는 진짜 동기가 따로 있었다. 자신이 국립고등학교, 국립대학교를 나왔기 때문에 학창시절 내내 학비에 대한 부담이 없었다고 한다. 하지만 그것은 누군가가 낸 세금으로 인한 혜택이었으니, 늘 마음에 부채의식으로 남아 있다고 했다. 어쩌면 내가 알지도 못하는 누군가의 도움, 혹은 손해에 의해 오늘의 내가 만들어져 왔을 수도 있다. 뿐만 아니라 인간관계에서 어느 정도 손해를 감내하는 일은 꽤 성숙하고 매력적으로 보이는 면도 분명 있다. 인간관계에서 누가 손해고, 누가 이익이냐를 따지는 모습은 건강한 인간관계를 만들어나가려는 자세로서는 다소 부족한 점이 있다. 뿐만 아니라 사람은 원래부터 이기적인 존재이다. 내가 상대방과 5:5라고 생각하면, 상대는 그것이 느낌상 왠지 자신이 손해 보는 4:6으로 느껴진다. 반대로 내가 손해 보는 4:6의 관계라고 느껴야, 상대방은 그제야 5:5라며 공평하게 생각한다.

물론 무작정 손해만 감수하라는 이야기는 아니다. 지나치게 과도한 금전적인 손해, 혹은 상대방의 의도적이고 악의적인 행동에 의한 손해라면 적절한 대처를 해야만 한다. 관계를 끊어야 내가 더 이상 상처를 받지 않을 수 있고, 법적인 소송을 진행해야 할 때도 있다. 하지만 이러한 직접적이고 악의적인 손해가 아니라면, 그리고 상대방이 충분히 나에 대한 진정성을 가지고 있다면 어느 정도의 손해를 보는 것이 오히려 꾸준한 관계를 이어나갈 수 있는 기반이 되어 줄 수 있을 것이다.

▶ '손해와 이익'이라는 기준은 진정한 인간관계에 어울리지 않는다. 본질은 상대방과 함께할 때의 즐거움, 만족감, 행복감이다. 그렇다면 어느 정도의 손해도 충분히 감수할 수 있어야 한다.

▶ 어차피 사람은 다 이기적인 존재이다. 서로가 손해 본다고 생각할 때 비로소 공평한 관계가 만들어지지만, 그렇다고 '100% 공평한 관계'라는 것도 없다는 사실을 알아야 한다.

▶ 다만 진정성도 없는 상태에서의 손해, 의도적이고 악의적인 금전적인 손해를 계속 감수해야할 필요는 전혀 없다.

가족, 부부도 모두 '인간관계'이다

일반적으로 '인간관계'라고 말하면, 우리는 대체로 사회생활을 하면서 맺게 되는 관계에만 한정하는 경향이 있다. 즉 동창이나 선후배, 상사나 부하를 떠올리는 경우가 많다. 반면에 가족은 '그냥 태어날 때부터 가족이었으니까'라고 생각한다. 타인들과의 관계에서는 매우 배려심이 많은 사람도, 정작 가족 간에 배려하지 못하는 것은 바로 이런 이유 때문이다. 부부 역시 마찬가지다. 사실 엄밀하게 따져보면 부부야말로 정말로 신경을 써서 만들어 가야할 인간관계이다. 하지만 많은 부부가 그저 '부부'라는 이유만으로 상대방은 무조건 참아야 한다거나, 혹은 나는 마음대로 행동해도 될 것처럼 생각하기도 한다. 이제 내 가족, 혹은 배우자 역시 '내가 살면서 맺어가는 소중한 인간관계'라고 생각해보자. 그러면 마치 타인에게 조금 더 정성을 기울이고, 배려하는 것처럼 말과 행동에도 조심할 것이며, 이를 통해 좀 더 진정성 있고 신중한 관계를 만들어나갈 수 있을 것이다.

배려가
'마음'만으로 된다고?

　인간관계에서는 늘 배려가 중요하다고 말한다. 배려는 사전적으로 '도와주거나 보살펴 주려고 애쓰는 마음'이라고 할 수 있다. 또 영어로는 '캐어(care)'로 번역되기 때문에 상대가 최적의 상태가 될 수 있도록 신경을 쓰는 것을 의미하기도 한다. 그런데 우리는 배려라는 것이 단지 마음, 혹은 신경을 쓰는 일에 한정된다고 생각한다. 물론 이 정도만 잘해도 관계는 원활하겠지만, 정말 깊은 관계, 상대방이 감동할 수 있는 관계를 만들어 가기 위해서는 보다 구체적인 행동이 필요하다. 이는 상대방에 관해 기억하고, 메모하고, 상대방을 만나기 전에 그에 대해서 조용히 생각하는 시간을 갖는 것을 말한다. 이러한 행동들이 마음과 신경을 쓰는 것을 넘어 더 친밀하고 강한 관계를 맺게 해줄 수 있다.

만날 때마다 같은 질문을 하는 사람

사람은 '망각하는 존재'이다. 독일의 심리학자 헤르만 에빙 하우스(Hermann Ebbinghaus)는 실험을 통해서 사람에게는 '망각곡선'이라는 것이 존재한다는 사실을 밝혀냈다. 그에 의하면 인간은 무엇인가를 배운 후 10분 후부터 곧바로 망각하기 시작한다. 그리고 1시간 뒤에는 배웠던 전체 내용의 56%를 잊어버리고, 하루 뒤에는 67%, 한 달 뒤에는 79%를 망각한다. 이러한 망각의 속도는 우리가 인간관계를 맺어나가는 데에도 매우 중요하다. 만약 당신이 이번 달 초에 누군가를 만나 즐겁게 대화하고 교류했다고 해보자. 둘 사이에는 많은 이야기가 오갔을 것이고 자신의 고민, 새로운 사건에 관해 이야기했을 것이다. 그리고 다시 한 달 뒤에 만났다고 해보자. 그 사이에 상대방에 대해서 생각할 시간이 없었거나 혹은 통화를 하지 않았다면 지난번 만났을 때 나눴던 대화의 79% 정도는 망각한 채 만나게 된다. 이는 현실에서도 많이 일어나는 일이다.

실제로 주변의 어떤 사람은 "만날 때마다 아이가 몇 학년이야?" 라고 묻는 경우가 있다. 이미 3~4번은 더 말해주었건만, 늘 마치 한

번도 듣지 않은 사람처럼 다시 물어본다. 만약 이런 사람이라면 어떤 생각이 들까? 아무래도 속으로 '도대체 이 사람은 나에 관해서 전혀 관심이 없군!'이라고 생각할 가능성이 매우 크다. 이렇게 되면 누구든지 그 사람에 대해서 별로 관심을 두고 싶지 않은 상태가 된다. 상대방이 나에게 관심을 두는 노력을 보이지 않으니, 나 역시 관심을 가질 필요가 없다고 생각하기 때문이다. 이렇게 되면 서로에 대한 호감이 있어도 좀 더 깊은 관계로 진입하기는 쉽지 않은 일이다.

직장 내 인간관계에서도 마찬가지다. 상사의 음식 취향이나 혹은 가정사에 대해서 들었지만 전혀 기억하지 못하는 사람과, 이를 기억한 후 뭔가를 챙기는 사람과는 관계의 깊이가 달라질 것이다. 부부 사이에서도 이러한 기억을 통한 배려는 매우 중요하다. 지난번에 분명 무엇인가를 말해주었음에도 전혀 기억도 하지 못하는 배우자라면 답답함을 넘어 서운함까지 느끼게 된다.

따라서 상대방과 친밀한 관계를 유지하고 싶다면 기억과 메모라는 수단을 활용해야 한다. 상대방의 생활에서 변한 것이 무엇이 있는지, 지금 진행되고 있는 일이 무엇인지, 고민이 무엇인지를 메모하고 기억할 필요가 있다. 그래야 무엇을 도와줄지, 어떻게 배려할지 나중에라도 방법을 생각할 수 있기 때문이다. 특히 이런 방법은 아주 친하지 않은 사무적인 관계나 혹은 비즈니스 관계에 더 유용할 수 있다. 실제로 한 지인은 커피숍에서 대화를 나눈 뒤 상대방과 헤어진 후 자신은 카페에 남아서 그날의 만남에 대해 자세한 기록을 한다. 그래야 다음에 어떤 대화를 할지 알 수 있고, 상대방에게 어떻게 다가갈지 알 수 있기 때문이다. 요즘에는 스마트폰에 유용한 메모 기능이 많기 때문에 간단하고 쉽게 할 수 있다.

가족을 위한 근사한 메모장

또 다음번에 만나기 전에는 상대방에 대해서 잠시라도 생각해보는 시간을 가질 필요가 있다. 오늘은 상대방과 어떤 대화를 나눌까, 지난번의 대화 후에 다시 물어봐 주어야 할 것은 어떤 점이 있을지를 아주 짧게 1~2분만 되돌아보는 시간이다. 이렇게 상대방의 얼굴을 떠올린 후 상대방을 만나면 훨씬 더 친근하게 느껴지고 열린 자세로 다가갈 수 있다. 더구나 상대방에 대해 많은 것을 기억하고 있기 때문에 훨씬 자신 있게 대화나 만남을 이어 나갈 수가 있다. 예를 들면 다음과 같은 말이다.

"그때 딸이 어학연수 간다고 했는데, 건강하게 잘 다녀왔어?"

"남편이 사업 시작한다고 했는데 어떻게 됐어요?"

이렇게까지 세세하게 기억하고 관심을 표명해주면, 분명 상대방도 '아, 이 사람이 나에게 많은 관심을 가지고 있구나'라는 것을 마음으로 느낄 수 있다.

　이렇게 관심과 배려를 위해 기억을 하는 일은 가까운 사이에도 반드시 해야 한다. 가족, 형제, 자녀에 대해서도 충분히 할 수 있다. 너무 가까운 사이라 무심코 지나갈 수도 있지만, 아내의 세세한 취향과 딸의 심경변화나 외모의 변화를 말해주는 것만 해도 충분하다. 특히 자녀와 부모의 관계는 나이가 들수록 멀어질 수도 있다는 점에서 이런 부분에 대해 신경 쓰면 나이가 들어도 둘의 관계는 친근하게 유지될 수가 있다. '내 남편을 위한 메모장', 혹은 '내 딸을 위한 메모장'이라는 것. 생각만 해봐도 근사하지 않은가? 상대방에게 감동을 주고 좋은 관계를 유지하기 위해서는 분명히 그에 걸맞은 노력을 기울여야 한다.

▶ 사람은 늘 망각하는 존재이다. 한 달 뒤에 그 사람을 만나면, 예전에 대화했던 내용의 79%를 잊어버린 채 만난다는 사실을 기억하자.

▶ 직접 만나고 있는 현장에서 마음과 신경을 써주는 일도 훌륭하다. 그러나 관심을 제대로 표명하기 위해서는 상대방을 위한 메모장을 만들고, 이것을 통해서 다음에는 좀 더 발전된 방향으로 대화를 이어 나갈 수 있다.

▶ 다시 만나기 전에 과거의 메모도 살펴보고, 잠시 눈감고 상대방의 모습을 떠올려보는 시간도 가져보자. 상대에 대해 더 친근해지고 적극적인 자세가 될 수 있을 것이다.

지나친 배려는
자신을 피곤하게 만든다

상대를 위한 배려는 관계를 위한 훌륭한 계기가 되지만, 그렇다고 모든 사람에게 같은 정도의 배려를 할 수 없다는 사실도 인정해야 한다. 사실 배려라는 것도 상당한 에너지가 들어가는 일이다. 따라서 그것도 '어느 정도' 해야지, 너무 배려하게 되면 오히려 자신이 먼저 지친다는 생각이 들고, 관계가 피곤해질 수가 있다. 그러다 보면 결국 스스로 지쳐 나가떨어지는 '번아웃'의 상태가 될 수도 있다. 이럴 때는 적절하게 자신을 릴렉스하고, 너무 배려에만 신경 쓰지 않도록 자신을 조절해야 할 필요성도 있다. 세계적인 조직심리학자 애덤그랜트(Adam Grant)는 관계에서 많이 주고 싶어 하는 기버(Giver)와 많이 받고 싶어 하는 테이커(Taker)를 구분하는데, 성공적인 기버의 특징을 이렇게 설명한다. ▲탈진하지 않도록 자신을 보호하고 ▲남을 돕는 만큼 자신의 이익도 추구하며 ▲상대가 일방적으로 얻으려고 한다면 도움을 안 주거나 매우 신중해진다. 타인을 배려할 때도 이런 관점을 가져 보도록 하자.

관계를 위한 최고의 묘약, 동기부여

'동기부여'라고 하면 그저 자기 계발적 요소에 해당하거나, 혹은 회사에서 팀장이 팀원들에게만 하는 것으로 아는 경우가 많다. 그리고 일반적인 인간관계의 차원에서는 많이 활용되지 않는 것이 현실이다. 하지만 동기부여는 관계를 잘 이끌어가는 최고의 묘약이라고 할 수 있다. 사람은 누구나 '성장'에 대한 욕구가 있다. 어제보다 나은 오늘, 밝은 희망을 꿈꾸며 성장하는 자신을 만들고 싶어 한다. 물론 아주 강한 의지로 이것을 혼자서 달성해낼 수 있으면 더할 나위 없이 좋은 상태겠지만, 대개 그렇게 하기가 쉽지 않다. 하지만 만약에 직장을 벗어난 인간관계에서도 상대방에게 동기부여를 해줄 수 있다면 어떨까? 상대방이 당신의 말에 하나하나 관심을 기울이고 늘 당신을 만나고 싶어 할 것이며, 계속 관계를 유지하고 싶어진다. 훌륭한 인간관계와 상대방에 대한 동기부여. 그 구체적인 연관성을 알아보자.

친구 사이에도 필요한 동기부여

상대방에게 동기를 부여하는 것에 관해 부담을 가질 수는 있다. 자신이 리더도 아니고, 해당 분야의 전문가도 아닌데, 어떻게 동기부여를 할 수 있겠냐는 이야기다. 하지만 동기부여란 사람의 마음을 움직여, 스스로 성장에 관심을 기울이고 실천을 하게 하는 힘이다. 따지고 보면 전문가만이 할 수 있는 것도 아니고, 일상의 인간관계에서 얼마든지 가능한 일이다.

부부 사이의 '내조'나 '외조'라고 불리는 것도 본질적으로는 동기부여의 측면을 가지고 있다. 내 아내의 한마디, 내 남편의 사소한 행동 하나가 나에게 힘을 주고, 꿈을 꿀 수 있게 만든다면 이보다 훌륭한 동기부여도 없을 것이다. 막상 어려움에 부딪혀 고민을 토로했을 때, 그것을 잘 이해하고 공감해주는 것도 고마운 일이지만, 관점을 바꿔 문제를 해결할 힘을 줄 수 있다면 이 역시 '동기부여가 가능한 친구 관계'이다. 만나기만 하면 늘 도움이 되는 이런 친구를

마다할 사람은 세상에 아무도 없다. 자녀도 부모와 대화하면서 '공부 좀 해라'는 타박만 듣는 것이 아니라, 마음의 안정을 느끼고 자신의 미래에서 새로운 희망을 꿈꾼다면 어떨까? 부모가 굳이 공부하라는 말을 하지 않아도 열심히 하게 된다. 막상 동기부여는 복잡하고 이론적인 것 같지만, 사람의 마음을 움직이는 모든 것이 동기부여라고 해도 과언이 아니다. 상대방이 그 어떤 상태에 있든지 동기부여에 관해서는 제일 중요한 이 한 가지를 기억하면 된다.

'상대방의 성장과 행복, 그리고 새로운 의욕을 끌어내기 위한 지원과 관리.'

오래된 지인으로서, 부모로서, 남편이나 아내로서, 혹은 직장 동료로서 내 주변 사람에 관해 이런 태도를 유지할 수 있다면, 충분히 주변에 긍정적인 영향을 미치며 상대방에게 꾸준하게 동기를 유발할 수 있다.

동기부여의 구체적 방법

동기부여의 원리 자체는 매우 간단하고 명확하다. 전통적인 동기부여 이론에 의하면 '실력'과 '의욕'이라는 두 가지 변수가 매우 중요하다. 이에 따라 총 4가지 상황으로 분류된다. ▲실력도 있고 의욕도 있는 상태 ▲실력은 있지만, 의욕이 떨어진 상태 ▲의욕은 있지만, 실력이 없는 상태 ▲실력도 없고, 의욕도 없는 상태.

제일 첫 번째인 '실력도 있고 의욕도 있는 상태'는 스스로도 알아서 잘하는 사람이기 때문에 적절하게 현재의 상태를 물어봐 주거나 격려만 해주어도 충분하다.

두 번째인 실력은 있지만, 의욕이 떨어진 상태는 '지금 내가 왜 이걸 하고 있지?'라는 생각을 하고 있을 수 있다. 즉, 자신만의 비전을 찾지 못한 상태이다. 또 너무 지친 나머지 의욕이 떨어졌을 수도 있다. 만약 비전을 찾지 못했다면 자신의 관심사와 목표를 다시 물어보고, 이것을 조절함으로써 의욕을 올릴 수 있고, 너무 지친 상태라면 잠시 휴식을 취할 수 있도록 해준다.

세 번째인 의욕은 있지만, 실력이 없는 상태라면 실력을 올려줄 수 있는 조언이나 관련된 도움을 주면 된다. 함께 책을 읽으며 공부를 할 수도 있고, 실력을 쌓을 수 있는 교육기관을 소개해주고 관리를 해줄 수 있다. 또 이때에는 힘이 되는 말이 무척 중요하다. '넌 충분히 할 수 있어'라거나 '분명 그쪽에 재능이 있어'라는 말을 해주는 것만으로 용기를 얻고 의욕을 낼 수가 있다.

마지막인 '실력도 없고 의욕도 없는 상태'의 사람은 변화시키기 힘들다고 생각하지만, 꼭 그렇지는 않다. 이런 사람은 자신의 실력에 대한 자신감이 부족하고 그에 따라 의욕마저 저하된 상태라고

관계의 승리자들

볼 수 있다. 따라서 우선은 '작은 성공'을 경험하게 해주는 것이 중요하다. 부하직원이라면 비교적 손쉽게 달성할 수 있는 프로젝트를 제시하면서 성취감을 맛보게 할 수 있고, 자녀라면 '한 과목에서 5점만 높이기'라는 낮은 수준의 목표를 제시할 수도 있다. 이렇게 조그만 성취를 맛보기 시작했다면, 그다음부터는 '아, 나도 할 수 있구나'라는 의욕이 붙게 되고, 스스로 실력을 쌓기 위해 노력할 가능성이 매우 크다.

▶ 인간관계에도 다양한 '층위'라는 것이 있다. 속칭 '술친구'라는 사이도 있고, '동네 친구'도 있으며 친구면서도 비즈니스 관계가 있다. 그러나 그 어떤 관계라고 하더라도 상대방의 성장을 도울 수 있는 동기부여를 해줄 수 있다면 최고의 관계가 될 수 있다.

▶ 동기부여라고 해서 어렵게 생각할 필요는 없다. 상대방의 성장과 행복에 관심을 가지고 의욕을 낼 수 있도록 도와준다면, 그 무엇이든 훌륭한 동기부여이다.

▶ 구체적인 방법으로는 '실력'과 '의욕'이라는 두가지 사항으로 상대방을 분석하고 그에 걸맞는 도움을 주면 된다.

배우자도
동기부여가 필요한 사람

인간관계에서 이런 동기부여가 꼭 필요한 사람 중의 한 명이 바로 배우자이다. 사실 배우자는 자신이 인생을 개척해 나가는 데에 제일 중요한 인물이다. 이 배우자와의 관계에서 자녀 관계가 결정되고, 나아가 내 주변 사람과의 관계도 결정된다. 따라서 배우자의 동기부여에 관해서는 '내가 리더다'라는 마인드를 가질 필요가 있다. 명령하고 지시하는 리더가 아니고 관리하고 보살펴 주는 리더라는 생각을 가져야 한다는 이야기다. 진정한 리더는 부하가 최적의 상태에서 일할 수 있도록 만들어 준다. 또 이렇게 부부간에 동기부여가 잘 되어 있으면 서로서로 '내 인생에 꼭 필요한 사람'이라고 인식하게 된다. 비록 일상에서 약간 서로 불편함이 있어도 결국 나의 발전과 성장을 도와주고, 믿음직스럽게 의지할 수 있다면 나이가 들어도 부부 사이는 여전히 잘 유지될 수 있다.

어쩔 수 없이 마주해야 하는
불편한 관계라면?

마음에 들지 않지만 어쩔 수 없이 마주쳐야 하는 관계가 있다. 예를 들어 회사 내에서 같은 팀의 일원이라든지, 교회에서는 같은 구역이라든지, 사회에서는 같은 밴드나 카페에 있는 사람들이다. 개인적인 관계라면 안 만나면 그만이겠지만, 조직을 떠나지 않는 이상은 계속해서 마주쳐야 하는 불편한 관계이기도 하다. 이럴 때 우리는 '데면데면한 사이'를 유지하거나 혹은 외면해버리는 방법 을 선택하곤 한다. 물론 이렇게 하는 것이 가장 손쉬운 방법이지만, 상대방이 나에 대해 퍼뜨릴 평판을 생각해보면 이마저도 쉽지 않은 일이기도 하다.

상대를 혼란에 빠뜨리는 행동

나는 가만히 있어도 누군가는 나를 비난할 수가 있다. 되돌아 생각해봐도 딱히 내가 잘못한 것이 없기 때문에 더욱 화가 나기도 한다. 그럴 때마다 한마디 하고 싶지만, 그렇게 했다가는 더 문제가 커져서 이러지도 저러지도 못하는 경우가 있다. 이렇게 꼬여있는 관계를 풀기 위해서는 우선 내가 어떻게 상대방에게 다가가느냐 중요하다.

첫 번째로 해야할 일은 상대방에 대한 모든 기대를 내려놓는 것이다. 대부분의 관계가 힘들어지는 것은 바로 이러한 '기대'라는 것이 있기 때문이다. 내가 잘해주었는데, 상대가 그에 걸맞게 행동하지 않으면 그때부터 기분이 나빠지게 된다. 따라서 어쩔 수 없이 마주해야 하는 불편한 관계에서는 일단 기대를 하지 않고 호의를 베풀어주는 것이다. 물론 아무런 기대도 하지 않고 호의를 베푸는 것이기 때문에 상대가 어떻게 나오든 상관이 없다. 그저 나는 나의 호의만을 베풀 뿐이다. 중요한 점은 이러한 행동들을 함께 하는 다른 사람들이 모두 지켜보고 있다는 점이다. 만약 주변 사람들이 나의 이런 행동을 자주 본 상태라면, 문제가 생겼을 때 둘 중에서 당연히 나의 편을 들 수밖에 없다. 설사 상대방이 나에 대해서 나쁜 평판을 한다고 하더라도, 주변 사람들은 워낙 호의를 베푸는 나의 모습을 이미 봤기 때문에 나쁜 평판을 쉽게 받아들이지 않고 고개를 갸우뚱거리게 된다. 이렇게 되면 오히려 상대방이 고립되는 상태가 된다.

두 번째는 무작정 회피하려고 하지 말고, 먼저 말을 건네고 관심을 보이는 행동을 할 필요가 있다. 사실 데면데면한 사이는 꽤 불편한 관계이기도 하다. 그런 관계를 유지해나가면 결국 불편한 사람은 나일 수밖에 없다. 따라서 이럴 때는 과감하게 먼저 말을 걸고 대화를 주도해서 이런 데면데면한 관계를 깨는 것이 필요하다. 아주 사소한 것도 괜찮다. 상대방의 외모 변화에 대해서 말을 해주는 것만으로도 충분히 어색한 분위기를 깰 수 있다. 그러면 상대방은 약간의 혼란에 빠지면서 둘의 관계를 재정립하려는 의지를 보일 수 있다.

'어? 저 사람이 나에게 왜 그러지? 이제까지 나에게 괜히 질투하는 것 같고, 별로 좋아하지 않았던 거 아니야?'

처음에는 마음을 완전히 풀지 못하겠지만, 계속 먼저 관심을 보이고 대화를 하게 되면 결국 상대방은 자신이 가져왔던 그간의 신념을 부인하는 단계에 이르게 된다.

'혹시 내가 잘못 생각했었나? 저 사람은 나에게 별로 나쁜 감정이 별로 없었는데, 내가 괜히 그랬던 걸까?'

오히려 상대방은 자신을 반성하게 되고, 더욱 적극적인 관계의 전환을 꾀할 수도 있게 된다.

미워하지만, 칭찬할 수도

세 번째는 나와 불편한 상대방이 같은 자리에 없을 때, 다른 사람들에게 그를 칭찬하는 방법이다. 그의 장점을 최대한 부각하고, 단점은 줄여주는 방식으로 타인들에게 이야기하는 것이다. 결국 같은 조직에 속해 있다면 다른 사람을 통해 그 말은 전달될 수밖에 없다. 이러한 방법은 나와 불편했던 사람을 내 편으로 만드는 최고의 방법 중 하나이다. 그리고 이러한 상태에서는 당신에 대한 호감도가 급격하게 치솟게 된다. 뿐만 아니라 상대방을 칭찬하게 되면, 자신도 모르게 상대방의 장점을 스스로 인지하게 되어 이미지가 좋아진다는 점이다. 예를 들어 상대방을 향해 계속 마음속으로 욕을 한다면, 계속해서 미워질 수밖에 없다. 하지만 '그래도 그 사람 이런 점은 괜찮지 않아?'라고 생각하면, 무의식중에 상대방에 대한 호감이 생길 수가 있게 된다. 이것은 상대방을 칭찬하면서, 상대방에 대한 자신의 무의식을 바꾸는 계기가 된다.

인간관계가 힘든 것은 무 자르듯이 딱 자르기도 힘들고, 내가 원한다고 계속 친밀한 관계를 유지하기도 힘들다는 점이다. 그럴수록 우리는 극단적인 방법이 아닌 간접적인 방법을 통해서 관계의 변화를 꾀할 수 있는 지혜를 갖춰야 할 것이다.

▶ 딱히 불편할 이유가 없음에도 불편해지는 관계가 있다. 이럴 때는 무작정 회피하지 말고 일단 '기대'라는 것을 내려놓은 채 호의를 가지고 대해줄 필요가 있다. 당신의 호의를 바라본 주변의 사람들이 당신의 편이 될 수 있을 것이다.

▶ 먼저 말을 건네고 관심을 보이는 행동을 할 필요가 있다. 이런 행동들은 당신이 가지고 있는 불편감을 먼저 해소하려는 적극적인 의지이며, 상대방에게 혼란을 주어 당신에 관한 호의를 끌어내는 방법이 될 수 있다.

▶ 불편했던 상대방을 제3자에게 칭찬해보자. 이런 이야기를 건네 들은 상대방은 당신에 관한 호의을 보이게 되고 당신 자신도 상대방에 대한 이미지를 무의식적으로 바꿀 수 있게 된다.

늘 타인에게
좋은 모습만 보이고 싶은 사람

다른 사람에게 늘 좋은 모습만 보이려고 노력하는 사람이 있다. 비록 자신이 힘들어도, '내가 말하지 않으면 더 이상 문제가 커지지 않겠지'라는 생각으로 많은 것을 감내하는 사람들이다. 한마디로 늘 '괜찮은 척'을 하게 된다. 그러나 이러한 모습만을 보여주는 것은 사실 굉장한 스트레스가 아닐 수 없다. 따라서 다른 사람들에게는 이미지가 좋아 보여도, 정작 자신의 마음은 심각한 내적 갈등을 겪게 된다. 그리고 이러한 상태가 계속되면, 결국에는 '이젠 정말로 지쳤어. 그 모든 사람들을 다 만나고 싶지 않아'라는 상태에 접어들게 된다. 하지만 이런 상태를 방치하는 것은 결국 자신의 손해가 아닐 수 없다. 세상을 살면서 귀찮다고 모든 이들을 안 만나고 살 수는 없기 때문이다. 이런 상태는 분명 자신의 성격이 변화해야 할 매우 중대한 시점이라는 사실을 알아차려야 한다. 다만 문제는 그 방법이다. '한없이 친절하던 성격'에서 갑자기 '모두를 회피하는 성격'으로 극단적으로 변할 것이 아니라 그 중간의 지점도 있음을 알아야 한다. 따라서 '좋은 것은 좋다고, 싫은 것은 싫다고 말할 수 있는 성격이 되고 싶다'라는 목표를 잡고, 조금씩 무조건적인 수용의 자세에서 벗어나려는 노력을 할 필요가 있다. 그리고 이러한 변화의 과정에서 여전히 남아 있는 '괜찮은 척'을 하더라도 자신을 용서할 필요가 있다. '어차피 변화하고 있는 시기이기 때문에 확 바꿀 수는 없잖아? 조금은 예전의 습관이 남아 있어도 괜찮아'라고 자신을 위로해주면서 계속 변화할 수 있는 힘을 스스로 재충전하면 될 것이다. '남에게 친절한 나'가 아닌 '내 본연의 나'와 좀 더 친해지고, 나를 좀 더 소중하게 생각하는 마음의 여유가 생긴다면, 이제 조금씩 자신의 변화를 이룩해내는 것도 그리 어려운 일은 아닐 것이다.

관계의 꽃을 피우는 긍정적인 사람

긍정적인 사람이 되고 싶은 이유는 자신의 삶을 밝고 건강하게 만들고 싶기 때문입니다. 이때 사람들은 대부분 '나와 내가 겪게 되는 사건'에 주목하는 경향이 강합니다. 즉, 나에게 어떤 일이 생겨도 열정적으로 도전하고, 어려워도 문제를 해결하고, 비록 좋지 않은 일이 생겨도 회복 탄력성이 강해지길 원합니다. 그런데 한 가지 더 주목해야 할 점은 '긍정적인 사람'이 되면 '나'만 행복해지는 것이 아니라 '타인과의 관계'도 동시에 좋아지게 된다는 것입니다. 즉, '나·내가 겪게 되는 일'만 좋게 만들 뿐 아니라 '나·내가 만나는 사람'도 좋게 만들게 됩니다. 이렇게 되면 나를 둘러싼 세계 전체를 긍정적으로 만들 수 있습니다. 따라서 긍정적인 인간관계를 가질 수 있는 최고의 방법은 우선 자기 스스로가 긍정적인 사람이 되는 것입니다.

긍정적인 사람은 행복에 관심이 많습니다. 애초에 긍정적인 사람이 되려고 했던 이유 자체가 행복해지고 싶기 때문입니다. 따라서 이런 사람은 자신의 행복은 물론, 타인의 행복에도 관심을 두고 있습니다. 상대방이 현재 어느 정도 행복감을 느끼고 있는지, 혹은 사소한 문제로 스스로에게 상처를 주면서 행복감을 망치고 있지는 않은지 관심을 기울입니다. 그리고 만약 문제가 있다면, 성심성의껏 자신이 할 수 있는 한에서 도움을 주려고 합니다. 따라서 이런 사람 옆에 있는 사람은 자신이 보살핌을 받고 있다는 느낌이 들게 됩니다. 자연스럽게 이 사람과 함께 있기를 원하고, 상대방이 자신을 보살펴 주는 만큼, 자신도 상대방을 보살펴 주고 싶어 합니다.

긍정적인 사람은 공감 능력도 매우 뛰어납니다. 상대방의 관점에서 이야기를 듣고, 그의 행동을 이해하려고 노력합니다. 사람에게는 누구나 '이해받고 싶은 마음'이 존재합니다. 그래서 누군가가 "그래, 난 너를 이해해, 괜찮아"라고 말해주면, 이 자체가 하나의 심리적 치유가 됩니다. 또 긍정적인 사람은 매우 정직하고 거짓말을 잘 하지 않으려고 합니다. 혹시라도 자신의 말이 오해될 부분이 있다면, 그것마저 예방하고 싶어 합니다. 그러니 상대방은 그 사람에 대해서 '매우 정직한 사람'이라고 생각하고 자신도 정직하게 응

대합니다. 이렇게 정직으로 서로를 대하는 관계는 특별히 말하지 않아도 좋은 관계가 되지 않을 수 없습니다.

질투가 없어 더 순조로운 관계

또 긍정적인 사람은 뭔가 대가를 바라고 인간관계를 맺지도 않습니다. 사실 살다 보면 처음에는 아닌 줄 알았는데, 결국 뭔가를 바라고 자신에게 다가왔던 사람이라는 사실을 깨달을 때가 있습니다. 이렇게 되면 사람에 대한 실망감에 휩싸이게 되고 심지어는 배신감마저 느끼곤 합니다. 이런 사이에서 좋은 관계를 유지하기란 결코 쉽지 않은 일입니다. 또 긍정적인 사람은 그 긍정성을 유지하기 위해 큰 노력을 한 사람이며, 자신을 잘 관찰했던 사람이기도 합니다. 한마디로 '자기 지식'이 풍부한 사람들입니다. 따라서 이들은 자기통제에 매우 능숙하며, 설사 화가 나더라도 그것을 거칠게 상대방에 표출하지 않습니다. 그러니 늘 누군가를 부드럽게 대하고, 이런 부드러운 대접을 받는 사람은 역시 상대방에게 부드럽게 대할 수밖에 없습니다.

마지막으로 긍정적인 사람은 자기 자신을 있는 그대로 받아들입니다. 열등감과 우울증이 없기 때문에 자신을 바라보는 투명한 관점을 유지하고, 다른 외부적인 요인이 자신의 모습을 왜곡하지 않게 됩니다. 이는 곧 타인을 바라보는 것에도 동일하게 적용됩니다. 주변의 사람을 바라볼 때, 그들의 학력이나 재산, 혹은 가족관계의 문제점을 들춰내어 그것을 왜곡해서 바라보지 않습니다. 따라서 여기에서는 둘의 순수한 관계만 있을 뿐, 그 사이에는 방해물이 존재하지 않습니다. 그러니 관계가 덜컥이지 않고, 순항할 수 있습니다.

인간관계에도 선순환이 있고 악순환이 있습니다. 좋은 사람과 좋은 사람이 만나 더 행복한 관계를 이어가고 그렇지 않은 사람끼리 만나 계속해서 상처를 주고 실망을 합니다.

훌륭한 인간관계, 살면서 서로 위안과 도움이 되는 인간관계를 만들기 위해서는 내가 먼저 긍정적인 사람이 되어야 그 관계의 꽃이 피어납니다. 물론 아무리 해도 변하지 않고, 내 진심을 몰라주는 상대방도 있을 수 있지만, 우선은 내가 긍정적으로 변한 후에 판단해도 늦지 않습니다. 이제 앞으로의 인간관계를 위해 스스로 먼저 아름답고 긍정적인 꽃이 되어보지 않으시겠습니까?

<관계의 승리자들> 강은미 작가의
또다른 책!

°
°
°

<행복 리셋>

작은 습관만 바꿔도 행복이 시작된다!

"당신은 지금 행복하신가요?"
행복습관을 주제로 강연에서 만난 다양한 분야의 많은 사람들이 이 질문에 행복하지 않다고 답한 이유는 3가지다.

- ▶ 일상에서 원인을 알 수 없는 불만족과 결핍을 느낀다.
- ▶ 인간관계에 대한 자신감 결여와 여러 고충으로 힘들다.
- ▶ 변화하고 싶지만 익숙한 삶의 패턴을 계속한다.

행복해지려면 먼저 자신부터 바로 알아야 한다.
행복은 지극히 주관적인 것이라 '자신이 어떻게 하면 행복할 수 있을지', '진정 자신은 어떤 사람이며 어떻게 살고 싶은지'부터 파악해야 한다. 이를 위해 과거와 현재, 행복한 미래라는 주제를 놓고 깊이 성찰하며 자문자답(自問自答)하는 시간이 필요하다. 그 결과를 토대로 '행복 저울추를 리셋'하고, 자신이 원하는 행복을 새롭게 추구해야 한다.

삶의 패턴(습관)을 바꾸는 구체적 실천법이 필요하다.
행복은 습관을 얼마나 잘 경영하고 관리하느냐에 달려 있다. 하지만 작은 습관 하나 바꾸기도 쉽지 않다. 이때 필요한 것이 '174 행복습관 프로젝트'다. 하루에 1가지 행동을 바꾸고, 7일 동안 꾸준히 실천하고, 다시 4주간을 반복하면 매일매일 변화의 과정에서 당신은 이미 행복을 느끼게 된다.

강은미 지음 | 전나무숲 | 값 13,000원

관계의 승리자들

초판 1쇄 발행 2021년 6월 25일
지은이 강은미
펴낸이 이남훈
펴낸곳 아폴론북스
출판등록 2021년 5월 11일(제 2012-000386호)
주소 경남 거제시 일운면 소동8길 11
이메일 thinkarrow@naver.com

ISBN 979-11-974743-0-9(13120)
가격 12,000원